Die Juden Im Weltkriege

Felix A. Theilhaber

Alpha Editions

This edition published in 2022

ISBN : 9789356903012

Design and Setting By
Alpha Editions
www.alphaedis.com
Email - info@alphaedis.com

Contents

Vorwort.

Die folgenden Ausführungen verdanken ihr Entstehen freien Stunden an der Front in Kurland, wo ich dem unendlichen Leid der Ostjuden auf Schritt und Tritt begegnete, einer unterdrückten Menschenmasse, die menschlich unser Interesse verdient, aber auch sprachlich, da sie den Deutschen darin noch näher steht als die Vlamen.

Vor allem gilt die Schrift den Beziehungen der deutschen Juden zu ihrer Umgebung. Die Verhetzung, welche vor dem Krieg das Volk bald gegen Sozialdemokraten, Agrarier und Zentrumsanhänger trieb, fehlte nicht gegenüber den Juden. Aber jeder wirtschaftliche Haß, jede chauvinistische nationale Abneigung wirkt auf die Dauer unfruchtbar und schädlich.

* * *

Damit die gegenseitige Achtung auch nach dem Kriege fortdauere und innerlich begründet wird, habe ich dargelegt, daß das Wort eines großen Denkers nicht zu Unrecht besteht: „Jedes Land hat die Juden, die es verdient“.

„Wer die Luft, die ich atme, den Boden, auf dem ich stehe und in dem meine Eltern bestattet sind, mir nehmen will, ist mein Mörder . . .“

So ungefähr wandte sich vor fünfzig Jahren Gabriel Rießer an seine Widersacher. Möge uns, wenn wir in die Heimat zurückkehren sollten, diese Sprache in alle Zukunft erspart bleiben.

Möge mein Wort der Verständigung, der Aufklärung und dem Frieden dienen!

Herbst 1915.

Felix A. Theilhaber.

Einleitung.

Die „Hilfe“ vom 2. September 1915 bringt einen Artikel „Der Krieg und die russischen Juden“ von Paul Barth. Seine Worte mögen meine Auseinandersetzung über das Problem „Judentum und Deutschtum“ einleiten. Paul Barth schreibt:

„Was aber lauter als alles andere zum Himmel schreit, das sind die Massenverbrechen, die die russische Militär- und Zivilbürokratie tagtäglich an den „lieben Juden“ des Zaren verübt. Wohin das russische Heer kommt, da ist die erste kriegerische Leistung, daß die Juden ausgewiesen werden. Im Februar dieses Jahres erließ der „Allgemeine Jüdische Arbeiterbund Litauens, Polens und Rußlands“ einen Aufruf an „die Kulturwelt“, der einigermaßen veranschaulichte, welches Meer von Leiden hinter dem Worte „ausgewiesen“ steckt. Mit einer Frist von vierundzwanzig, oft bloß von acht Stunden, hinausgetrieben in die Nacht und die Kälte des russischen Winters, alle, auch Greise, Frauen und Kinder; ohne Ziel, ohne Schutz in ein fast feindlich gesinntes Land; rechtlos schon im Frieden, jetzt rechtloser denn je. Unsere Ostpreußen sind gewiß tief zu beklagen, aber sie zogen doch in ein freundlich gesinntes Land. Hunderttausend ausgewiesene Juden sammelten sich damals hilflos in Warschau an, sehr viele, besonders Kinder, starben auf der Landstraße. Wie glücklich verhältnismäßig diejenigen, die ein Kosak erstochen hatte! Denn das ist nach jenem Aufruf ein regelmäßiger Sport der Kosaken, der unbestraft bleibt. Der Römer Seneca ereiferte sich darüber, daß ein Mensch, der Gladiator, „zum Spiele und Scherze getötet wird“. Der Gladiator jedoch konnte sich wehren, er war bewaffnet, das Ganze war ein Kampf zweier geübter Fechter. Der arme russische Jude aber kann sich nicht wehren.

Und ich fürchte, das ist erst der Anfang. Allerdings ein sehr großer Anfang. Denn Mitte Mai wurden die Gouvernements Kurland, Kowno und ein Teil von Suwalki von 280000, also mehr als einer Viertelmillion Juden „evakuiert“, wie der russische technische Ausdruck lautet. Neuerdings wurde eine Million Juden aus den Gouvernements Wilna, Grodno und Warschau vertrieben, d. h. wirtschaftlich vernichtet. Das tut die russische Regierung. Was wird erst geschehen, wenn die russische „Volksseele“, besonders die der „echt russischen Leute“, unruhig wird! Und sie wird aufkochen, wenn Rußland weitere Niederlagen erleidet, und sich in „Pogromen“ Luft machen, genau so, wie es 1905 und 1906 geschah. Was damals in Kertsch, Bialystok und vielen anderen Städten vorging, das wird sich in ganz Rußland wiederholen und wahrscheinlich mit viel größerer Heftigkeit. Und die Polizei wird, wie damals, teils wohlwollend zusehen, teils wohlwollend helfen. Damals war es schließlich die erste, sehr liberale Duma, unter einem viel besseren Stimmrecht als dem jetzigen gewählt, die den Greueln ein Ende machte. Aber die Duma, die jetzt zusammengetreten ist, wird für solche inneren Fragen keine Zeit haben.

Was tun nun dabei die Juden der übrigen Welt, außerhalb Rußlands? Im allgemeinen nichts, — was überraschend, vielleicht auch ein bedauerliches Symptom ist. Wie sehr sie auch die Kultur des Landes angenommen haben, in dem sie wohnen, sie hegen doch alle die gleiche Pietät für ihre Vergangenheit, die sie als starkes Band mit ihren russischen Stammesgenossen vereinigt. Die deutschen Juden freilich sind entschuldigt, sie können nichts tun. Jeder öffentliche Schritt ihrerseits würde den russischen Juden bloß schaden. Diese würden daraufhin noch mehr verdächtigt werden, über die Grenze hinaus nach dem Landesfeinde zu schielen. In den Ländern des Vierverbandes sehen wir nur eins: überall sind Juden unter den Kriegshetzern, gegen die Zentralmächte, also für den Zarismus. In Frankreich sind sehr viele Juden in den höchsten Stellen, die beständig ihre Liebe zum Zarismus betätigen. In England haben die Juden viel Einfluß in der höchsten Aristokratie, die ganz besonders in der Hoffnung auf „die Dampfwalze" schwelgte. Lord Rosebery, einer der einflußreichsten Aristokraten, ist ja Schwiegersohn des Barons Meyer Rothschild.

In Italien finden wir unter den wildesten Kriegshetzern jüdische Namen. Herr Nathan, der Bürgermeister von Rom, hielt im Dezember 1914 als Freimaurer, als früherer Großmeister der Logen des Großorients, im Theater Constanzi in Rom eine schwungvolle Rede, in der er zum Kriege für den Dreiverband, also für den Zaren, aufrief. Zwei bekannte italienische Politiker jüdischer Herkunft, Barzilai und Luzzatti, trieben ebenfalls zum Kriege.

Aber was tun die Juden in den neutralen Ländern? Der einzige, der sich auf seine Herkunft und seine Gewissenspflicht besinnt, scheint Georg Brandes in Kopenhagen, wie sein Briefwechsel mit Clémenceau bewies. Andere sind auf seiten des Vierverbandes. Die rumänische Zeitung „Adeverul" (Wahrheit), die täglich gegen die Zentralmächte, also für Rußland agitiert, war bis vor kurzem und ist wohl noch in jüdischen Händen. Die übrigen tun gar nichts, nicht einmal die Sozialisten unter den Neutralen. Vor kurzem meldete Reuter aus Neuyork, Samuel Gompers, der Vorsitzende der American Federation of Labour, zweifellos jüdischer Herkunft, habe auf eine Einladung zu einer Versammlung, die gegen die amerikanische Kriegsbedarfsausfuhr protestieren wollte, durchaus ablehnend geantwortet. Dunkel ist zwar die Begründung seiner Ablehnung: „es gebe schrecklichere Dinge als den Krieg, nämlich des Geburtsrechts (d. h. wohl des angeborenen Rechts), der Freiheit und der Gerechtigkeit beraubt zu sein". Dies alles sind ja die Leiden der russischen Juden; aber Gompers lehnt ab, gegen die Unterstützung ihrer Unterdrücker zu protestieren.

Wenn nun die Juden selbst so gänzlich passiv sind, so müssen wir Nichtjuden uns regen und sie aus ihrer Resignation aufrütteln. Ich möchte nochmals betonen, daß die Verfolgungen erst anfangen. Je weiter die verbündeten Heere vorrücken, desto größer die Gefahr neuer Wutausbrüche. Und schon, wie berichtet wird, sind die Juden teilweise konzentriert in besondere Lager — sehr bequem für die Verfolger. Das Volk wird einen Sündenbock suchen, auf den es die Schuld der Niederlagen abwälze. Es wird die Regierung schuldig finden, aber es kann wieder einen Minister geben, wie denjenigen, der im Oktober 1905 — nach jüdischen Quellen — sagte: „Wir werden die Revolution im Blute der Juden ersticken." Es folgten darauf die furchtbaren, zehn Tage dauernden Oktobermorde. Tausend Juden wurden erschlagen, achttausend wurden zu Krüppeln. Werte im Betrage von 180 Millionen Mark wurden vernichtet, 300000 Juden flohen ins Ausland. (Vergl. „Allgemeine Zeitung des Judentums", 1910, S. 577.)

Die deutschen Juden können, wie gesagt, unmittelbar nichts tun, aber mittelbar sehr viel. Sie können die Juden der nordamerikanischen Union aufrufen, die für russische Angelegenheiten doch sonst Interesse zeigen. Als der Beilisprozeß schwebte, haben diese beim russischen Gesandten in Petersburg dagegen protestiert und später dem zwar freigesprochenen, aber sehr geschädigten und gequälten Beilis eine Farm geschenkt. Jetzt steht mehr als ein Menschenleben auf dem Spiele. Was dem einen Beilis recht war, ist allen russischen Juden billig. Die amerikanischen Juden müßten laut und energisch ihre Stimme erheben für ihre niedergetretenen russischen Stammesgenossen, täglich, so oft als möglich, in den Zeitungen, in allgemeinen Versammlungen der Juden und der Christen. Wenn erst die russische Regierung weiß, daß man ihr Treiben beobachtet, wird sie doch vielleicht stutzig werden und das Schlimmste unterlassen, sie wird wenigstens nicht die Polizei zur schweigenden Duldung der Morde und der Diebstähle anhalten, sondern notgedrungen den Befehl zur Aufrechterhaltung der Ordnung geben müssen. Nordamerika ist ja der künftige Geldmarkt für Rußland, der einzige, wo es einst Anleihen machen kann. Denn alle europäischen Staaten werden nach dem Kriege selbst zu viel Schulden haben, um anderen leihen zu können. Die Juden der Union aber sind eine starke Kapitalmacht, besonders im Westen. Sie haben — nach W. Sombart — eine herrschende oder wenigstens wichtige Stellung im Getreidehandel, im Tabakhandel und im Baumwollhandel. Auf allen drei Gebieten können sie den Russen schaden. Vor allem aber können sie jede russische Anleihe erschweren, vielleicht unmöglich machen. Damit müßten sie drohen. Darauf wird selbst die zarische Regierung hören.

Und wenn die Proteste und Drohungen nichts helfen, so werden sie doch wenigstens Zeugnis ablegen, daß in der allgemeinen sittlichen

Verwilderung es noch Menschen gegeben hat, die die Unmenschlichkeiten der zarischen Regierung als solche zu brandmarken gewagt haben.

Wenn aber gar nichts geschieht, dann wird ganz gewiß sich das alte Sprichwort bewähren: „Wenn die Menschen schweigen, so reden die Steine", freilich in diesem Falle nur die Steine des Pogroms, die auf unschuldige, wehrlose Opfer fallen werden."

* * *

Wenn Barth sich auf die Einwirkung der amerikanischen Juden verläßt, so fürchte ich, gibt er uns einen Wechsel auf die Zukunft. Die amerikanischen Juden sind noch nicht genügend organisiert, z. T. auch als Vollblutyankees zu sehr auf Seiten der Entente.

Ich glaube und werde es zu beweisen versuchen, daß Deutschland allen Grund hat, jede antisemitische Regung abzustreifen, den Juden im Inland die Gerechtigkeit, die ihrer treuen Staatsbürgerschaft gebührt, widerfahren zu lassen, den Juden in eroberten Gebieten jede Autonomie zu gewähren und den Auswandernden im Orient allen Vorschub für eine großzügige Kolonisation zu leisten.

Doch damit komme ich schon zur Voraussetzung jeder Politik gegenüber den Juden: die Bewertung derselben als zuverlässige und fähige Staatsbürger gegenüber ihren Heimatsländern, und nicht zum mindesten in Deutschland!

Der Krieg und die Juden.

Der große Krieg hat infolge des grandiosen Kaiserwortes „Ich kenne keine Parteien mehr“ den antisemitischen Angriffen und Übergriffen vorläufig den Grund und Boden entzogen. Trotzdem will das Judenproblem keineswegs von der Bildfläche verschwinden. Im Gegenteil. Der Einmarsch der deutschen Truppen in die polnischen und russischen Gebiete hat mit einem Schlage die innerpolitische Unhaltbarkeit des Schicksals, der nahezu sieben Millionen starken jüdischen Bevölkerung Rußlands der ganzen Kulturwelt aufgetan. Man wird nicht leugnen können, daß das jüdische Problem beim Friedensschlusse sowohl von großem internationalem Belang sein wird, als auch von hervorragender Bedeutung für die deutsche Politik.

Die Stellung der deutschen Juden vor dem Krieg.

Die Judenfrage ist für Deutschland praktisch so wichtig, daß es sich gewiß verlohnt, darauf einzugehen. Prüfen wir zunächst einmal die Stellung der Juden Deutschlands und ihren Einfluß in diesem Lande.

Die Mitte des verflossenen Jahrhunderts hat nicht nur einen völligen Umsturz aller inner- und außenpolitischen Verhältnisse Deutschlands bedingt; die breiten Volksmassen erschütterte ein sozialer Umschwung. Aus einem rein agrarischen Staate wuchs in wenigen Jahrzehnten eine gigantische Industrie heraus, welcher bald ein weltenumspannender Handel die Wege bahnte. Die Technik feierte rascher ihre Triumphe, als die Regierungsfürsorge und die von Organisationen getragene Selbsthilfe der Interessengruppen sich auf die Neukonstellationen einstellen konnten. Dadurch gerieten die Arbeiter stellenweise in die Gefahr, materiell und physisch ausgenutzt zu werden. Auf dem Lande hatte sich einst ein ähnlicher Prozeß, wodurch sich Latifundien bildeten, im Laufe der Jahrhunderte entwickelt. Die industriellen und kommerziellen Großunternehmungen aber kamen über Nacht. Erbarmungslos rang das Großkapital den Stand der kleinen Leute nieder. Dieser ökonomische Werdegang ging nicht ohne Gewalttat, ohne Härten ab, die den Trägern den Haß des in seiner Existenz erschütterten dritten Standes eintragen mußten.

Die Sozialdemokratie als die Zusammenfassung der Proletarier ist das naturnotwendige Produkt dieser Entwicklung. Der Antisemitismus ist die Konsequenz des Prozesses insofern, als sich diese Bewegung gegen die sichtbarsten Träger, gegen die Klasse von Menschen wandte, welche am geschicktesten die Macht des Kapitals auszunutzen wußten. Die erste Partei ist ein Versuch, der Sache selbst entgegenzutreten, die letztere kämpft gegen Personen, die nebenbei in ihrer religiösen und rassigen Eigenart eine gute Zielscheibe boten.

Uns interessiert hier nicht, wie die Auswüchse des Kapitalismus oder der Kapitalismus selbst zu bekämpfen ist. Wir wollen nur der Frage nähertreten, wie der Antisemitismus des weiteren zu erklären ist, welches die Bedeutung der deutschen Judenheit gewesen ist, und ob wir anläßlich des Krieges den Juden einen mehr oder minder günstigen Einfluß auf die Wirtschaftsgestaltung Deutschlands einräumen können, um dann später auf den Einfluß der deutschen Juden und überhaupt auf den Krieg eingehen zu können.

Bis in die sechziger Jahre des vorigen Jahrhunderts strömte ein gut Teil der jüdischen Jugend Deutschlands nach den Vereinigten Staaten von Amerika, Südafrika, England, Frankreich etc. Teilweise war ihnen die volle Gewerbefreiheit (wie z. B. in Bayern bis 1864) vorenthalten gewesen. Die siebziger Jahre, die berühmten Gründerzeiten, bringen eine Hochflut von aus den Dörfern in die Städte strömenden Juden. Die jüdischen jungen Leute wandern nicht mehr in die Fremde, sondern wenden sich dem deutschen Handel, der Industrie, den akademischen Berufen, und vor allem den Großstädten zu. Das seit Jahrhunderten betätigte Wohnen in den Städten, bedingt durch Eigenart, aber auch durch das mittelalterliche Gesetz, das bis ins XIX. Jahrhundert hinein Geltung hatte, läßt sie allmählich in die größeren Städte abwandern, wo die Verdienstmöglichkeiten sich stetig vergrößern. Dazu trägt auch die antisemitische Ostmarkenpolitik bei, welche die Juden aus den Provinzen Posen, Ost- und Westpreußen vertreibt. Der Druck der Hakatisten, der wirtschaftliche und gesellschaftliche Boykott der evangelischen Deutschen den Juden im Osten gegenüber, läßt ihre Stellung zwischen Deutschtum und Polentum unhaltbar werden. Dazu kommen elementare Ausbrüche der von den Antisemiten bearbeiteten Volksschichten. Der „Ritualmord von Konitz“ ist eins dieser bezeichnenden Ereignisse. Fluchtartig verläßt der Jude diese Städte, deren Charakter durch seine Anwesenheit noch ein deutscher war, und überläßt den Platz den Polen.

Die neueren Schriften über das Ostmarkenproblem geben sämtlich zu, daß die durch die staatliche und gesellschaftliche antisemitische Politik bedingte Vertreibung der Ostmarkenjuden ein bedeutsamer Mißgriff war, der sich nach drei Seiten bemerkbar machte:

1. Für die Entwicklung dieser Städte, die durch den Verlust von Menschen, von Kapital und von unternehmungslustigen und fähigen Elementen gehemmt wurde.

2. Für die deutsche Sache. Der Wegzug von ca. 150 bis 200000 Juden aus den bedrohten Provinzen hat die deutsche Sache um so viel Anhänger ärmer gemacht.

3. Für den Staat. Der Jude der Ostmark (wie überhaupt in ganz Deutschland) war ein zuverlässiger Staatsbürger, auf den in jeder Zeit gerechnet werden konnte.

Organisationen über Organisationen erwuchsen aus dem reichen Boden der Gebiete rechts der Elbe. Deutsche und polnische Kleinbauern-Genossenschaften, Vereine der Gutsbesitzer und Groß-Eigentümer, die zugleich die Zucker- und Spiritusfabrikation besaßen, politische Organisationen beider Sprachengemeinschaften, alle aber mit leicht antisemitischen Tendenzen, die durch den in Berlin geborenen Antisemitismus erst voll und ganz durchtränkt werden sollten. Was dagegen der Jude an Organisation entgegenstellte, war kaum der Rede wert. Er organisierte sich nicht wirtschaftlich, sondern verzichtete darauf, sich in einen Kampf einzulassen, in dem außer Regierung und Verwaltung auch die breite Masse des Volkes gegen ihn Stellung nahm, und verschwand in die Großstadt, wo er untertauchen konnte.[1]

Dadurch ist die unnatürliche plötzliche Überschwemmung der Hauptstädte mit Juden bedingt worden. Nicht nur die Jungen und Fähigen kamen; viele, die sich nicht mehr anzupassen wußten, schwemmte die Flut herein. Ältere Menschen, die überall anstießen, weil sie in dem neuen Beruf nicht mehr von der Pike auf dienen konnten. Neben einer großen Menge von Begabten und Energischen auch „Luftmenschen", Bassermann'sche Gestalten, labile Charaktere. Aber was das junge Blut anlangt, so kann man leicht zeigen, daß es Deutschland zum Segen gereichte. Deutschland ist der große, kräftige und reiche Staat in hohem Maße auch durch die Mitarbeit der Juden geworden.

Bekannt ist deren Mitwirken an der finanziellen Entwicklung. Die Finanzgrößen, die die deutsche Geldwirtschaft und die Großbanken schufen, waren zum großen Teil Juden. Das Erstarken unserer finanziellen Kraft liegt in der glücklichen Ausgestaltung unserer Finanzinstitute. Die Banken sind nach Sombart eine jüdische Erfindung. Die Barone Oppenheim sind die Gründer der ersten, der Darmstädter Bank. Neben den Rothschild's ragen als Eisenbahnkönige einige jüdische Häuser wie die in Bayern nobilitierten Eichthal und die später in Preußen geadelten Fould's, später Dr. Strousberg und der Baron Hirsch hervor. Das Bankhaus Mendelsohn hat heute noch seine nahen Beziehungen zu den maßgebenden Stellen des Reiches, und der Chef der Firma Bleichröder ist der Öffentlichkeit populär geworden, weil er Bismarck zu der hohen französischen Kriegsentschädigung von 5 Milliarden in Gold zu bewegen wußte. Auch die modernen Finanzgrößen, die Leiter unserer wichtigsten Institute, zählen Juden an erster Stelle auf. Wir erinnern an die von Cohn, von Wassermann, Fürstenberg, Speyer-Ellissen, von Schwabach, Goldberger . . .

Die Arnold, Berliner und Deutsch sind Namen, welche in der neudeutschen Wirtschaftsgeschichte einen guten Klang besitzen. Hagen-Köln (früher Levy geheißen) war wohl einer der Männer, welcher in dem Aufsichtsrat der größten deutschen Gesellschaften den mächtigsten Einfluß besessen hat.

Juden haben in Hamburg die Strumpfindustrie, in Fürth das Spiegelglas, im posenschen die Schnapsbrennerei großgemacht. Wir treffen sie auch als Großindustrielle in der Seidenfabrikation.

Neben unseren vortrefflichen Geldinstituten haben uns vor allem unsere großzügigen Wollfirmen die Kriegführung erleichtert. Der deutsche Woll- und Baumwollmarkt ist von Juden geschaffen und auf die Höhe gebracht worden, die er heute einnimmt, wie wohl kein Kenner der Verhältnisse bestreiten wird. Unter den vielen Tüchtigen verdienen hier die Gebrüder Simon namentliche Erwähnung.

An den grandiosen Woll- und Baumwollhandel konnten sich die zahlreichen, vielfach jüdischen, Textilfabriken anlehnen. Die blühende deutsche Konfektion ist quasi eine jüdische Domäne.

Daneben erinnere ich an den Leipziger Rauchmarkt. Wer die berühmte Pelzmesse kennt, weiß, daß jüdischer Fleiß und Erwerbsfreudigkeit hierin Deutschland eine erste Stelle in der Welt schuf. Die großen „Felljuden", welche unsere Lederindustrie mit ausbauten (z. B. Adler-Oppenheimer), und die Stiefelkönige sind bekannt.

Den Neid aller Völker, den Stolz Deutschlands bedingte unsere so rasch, fast über Nacht zu grandioser Größe entwickelte Handelsflotte, die auch in Kriegszeiten dem Reiche ihre Dienste leiht. Der Schaffer der Hamburg-Amerika-Linie aber ist der viel genannte Ballin. Seine Bedeutung für die Entwicklung Deutschlands wird einst die Geschichte zu würdigen haben.

Der Vater der elektrochemischen Industrie war der jüngst verstorbene Rathenau, der Schöpfer der A.E.G. Sombart behauptet, daß auch die Siemens und Halske-Werke erst den Wettkampf um die Vormachtstellung der deutschen Industrie in aller Welt aufnehmen konnten, als der jüdische Direktor Berliner an leitende Stellung trat. Aber nicht nur in friedlichen Zeiten bedang die A.E.G. Deutschlands Ruhm und Größe. In unserm Kriege haben sie Bedeutendes geleistet, wenn es jetzt auch noch nicht Zeit ist, darauf näher einzugehen.

Viel geschmäht worden ist die Arbeit der Juden auf dem Gebiete der Waffen- und Munitionsfabriken. Wie vereinzelte Sozialdemokraten die Wichtigkeit der Kruppwerke und ihre vaterländische Rolle mißverstanden und vor der breitesten Öffentlichkeit verunglimpften, so wußte seinerzeit

Ahlwardt den großen Löwekonzern zu verdächtigen. Aber die „Juden"flinten, die Maschinengewehre und alle die Waffen, welche unsere Heeresleitung von diesen Unternehmungen beziehen konnte, waren letzten Endes nicht bedeutungslos. Der Nur-als-Krämer und Schacherer verschriene Jude hat dem Reich zu Kriegsbeginn wertvolle Stätten zur Verfügung stellen können: Angefangen von dem reich überfüllten Wollmarkt, von den Handelsschiffen, welche die Flotte stützten, bis zu den Fabriken, die direkt oder indirekt dem Heere alle Mittel moderner Kriegsführung lieferten.

Wenn wir an die treue Mitarbeit jüdischer Firmen in der Maschinentechnik anknüpfen, dann dürfen wir als deutsche Unternehmungen von Weltgeltung herausgreifen die Orenstein und Koppel A.G., (Kleinbahn- und Baggerfabrikanten), die Mannheimer Ladenburgs, die Nürnberger Bings. Selbst Erzschürfungen (Hirsch und Beer-Sondheimer-Kupfer) werden von ihnen inauguriert. Caesar Wollheim, v. Friedländer-Fould sind in ‚Kohle' bekannt. Neben der Wichtigkeit des Materials und der Arbeitsstätten ist es Geheimrat Haber, der durch die künstliche Gewinnung des Stickstoffes erst die ganze deutsche Munitionserzeugung gewährleistete, und der (nach Davis Trietschs Broschüre, „Juden und Deutsche: Eine Sprach- und Interessengemeinschaft"[2]) jüdischen Eltern entstammt. Auf solche Köpfe kann die deutsche chemische Wissenschaft stolz sein. Wie ja überhaupt die chemische Industrie Deutschlands Größe in der Welt mitgeschaffen hat. (Es sei u. a. auch des jüdischen chemischen Industriellen Gans gedacht, dessen Sohn übrigens auf dem Gebiete der Luftschiffahrt und der Ballontechnik Bedeutung hat.)

Auch sonst wäre noch viel aufzuführen. Wir könnten manches über andere Wirtschaftskomplexe hier anfügen, so vom Tabakmarkt, von dem Sombart behauptet, daß Juden die Tabakindustrie in Deutschland einführten. Ebenso wie in der modernen Zigarren- und Zigarettenfabrikation halten Juden den Wettbewerb als Uhren-, Sekt- und Schokolade-Fabrikanten und als Getreideimporteure usw. usw.

Wir wollen nicht ermüden. Die Reichtümer, die einzelne Juden sich erwarben, waren nicht unverdient. Sie sind bedingt dadurch, daß Deutschlands Handel und Wandel zu der Größe geführt wurde, die den Neid der fremden Völker erregte, aber damit auch unserem Lande die Möglichkeit gab, auch auf dem wirtschaftlichen Felde den allgewaltigen Kampf gegen die Unmenge von Feinden so siegreich zu bestehen.

Auf dem Zeitungsgebiet zeigten die Mosse, Ullstein, Sonnemann (Frankfurter Zeitung) ihre Tatkraft und schufen, trotzdem ihre Blätter als „verjudet" verschrien wurden, gewaltige Betriebe. S. Fischer ist der bedeutendste literarische Verleger, Reinhardt, der Bühnentechniker, welcher dem modernen Theater reiche Impulse verlieh, ist gleichfalls Jude. Als Antiquitätenhändler, Numismatiker, als Sammler jeder Art haben die Juden den deutschen Ruf in der Welt mitbegründet.

Besonders stark angefeindet wurden sie in der Wissenschaft. Um auf diesem Gebiete ihr Können einigermaßen zu belegen, müßten wir allein ein dickes Buch schreiben. Aber ein paar Beispiele dürfen wir wohl geben. So ist in der Medizin die Lehre der sexuellen Krankheiten durch drei Juden — Neisser, Ehrlich, Wassermann — in grandioser Weise gefördert worden. Neisser, der Entdecker des Gonokokkus, Wassermann, der feinsinnige Schaffer des luetischen Blutnachweises, und Ehrlich, welcher eine moderne Waffe gegen die Syphilis schmiedete. Die Juristen sprechen von den Begründern der deutschen Rechtswissenschaft, von Staub und Dernburg mit all der Hochachtung, die man diesen kaum vorenthalten dürfte. Die Sprachwissenschaften (die deutsche z. B. vertreten durch Mauthner) schätzen die jüdische Mitarbeit; Statistik, Nationalökonomie, Chemie[3] sind wie Literatur, Musik und andere kulturelle Gebiete durch deutsche Juden befruchtet worden. Auf Schachturnieren (Lasker, Steinitz, Zuckertort, Tarrasch), aber auch auf den olympischen Spielen, am Turf und auf gefahrvollen Expeditionen bewährten sich Juden. Emin Pascha hieß einst Schnitzer, ein bedeutender Arabien-Forscher war Glaser, als einer der ersten wirkte in deutschen westafrikanischen Schutzgebieten und erlag dort der Malaria: Dr. Kaiser. . . .

Die antisemitische Bewegung, die vor dreißig Jahren gegen die Juden entstand, ist dadurch erklärlich, daß von den vielen hervorragenden Verdiensten deutscher Juden viel zu wenig bekannt wurde.

Die politische Geschichte übergeht die Abstammung des ersten deutschen Reichstagspräsidenten von Simson, der seinem Könige mehrfach die Kaiserkrone antrug. Das damals als Musterländle gepriesene Baden hatte einen nicht einmal getauften Finanzminister: Ellinger.

Das waren einzelne Personen, die ihr Bestes für das Werden des Reiches einsetzten. Schon in den 40er Jahren waren es jüdische Dichter in der Sturm- und Drangperiode, welche für Einheit und Fortschritt eintraten. Berthold Auerbach und Andere, deren Namen heute vergessen sind, mußten wegen ihrer Zugehörigkeit zu alldeutschen Burschenschaften hinter Kerkermauern dafür büßen, daß sie für ein geeintes Deutschland agitierten.

Bedeutender zeigt sich aber die Mitwirkung jüdischer Elemente bei der Ausgestaltung des deutschen politischen Lebens. Kein Volk der Welt hat ein so gut fundamentiertes Parlament, in dem so überzeugungstreue Parteien sitzen, die nicht nach Laune, nach persönlichen Vorteilen stimmen, sondern die — oft viel zu sehr — nach theoretischen Überlegungen und prinzipiellen Anschauungen den Fragen nähertreten. Kein Abgeordnetenhaus hat sozialer und menschlicher gearbeitet. An ihren Früchten kann man am besten nicht nur die Bäume, sondern auch die Parlamente erkennen. Unsere konservative Partei feiert als einen ihrer Mitbegründer Stahl; Lasker und Bamberger schufen die liberale Partei; Marx und Lassalle standen an der Wiege der Sozialdemokratie, die in Singer, Haase, Bernstein und Frank mit ihre besten Führer fand.

Da wir noch keine Abhandlung über die jüdische Mitarbeit an der Entwicklung Deutschlands in der neuesten Zeit besitzen, so war es wohl nicht unangebracht, sie mit einigen Beispielen zu belegen. Ähnlich wie Deutschland in der Welt, so machten sich die Juden in Deutschland „unliebsam bemerkbar".

Der Umwelt erschienen einst die deutschen Waren als „billig und schlecht", die aufblühende deutsche Flotte war den Engländern, die als handeltreibendes Seevolk ein Monopol anstrebten, eine freche Konkurrenz, die deutsche Beteiligung in der Weltpolitik kam den Engländern als Aufdringlichkeit vor, selbst wenn sie noch so zurückhaltend war.

Dazu kamen noch historische Vorurteile, von welchen z. B. besonders die Franzosen nicht loskamen. Das Geschrei der Gasse umnebelte selbst intelligente Engländer, Franzosen, Italiener, Amerikaner, Rumänen, Russen. Auch in der neutralen Welt gibt es leider tüchtige Menschen, die sich alle Fabeln über die Unkultur der Deutschen, über die Eroberungssucht des Kaisers und seines Volkes zueigen machten.

Geradeso hat man oft von den Juden gesprochen. Man hat sie des Mangels an Kultur und an Redlichkeit geziehen und all des Schlechten, was man den Deutschen heute nachsagt, beschuldigt. Wollten sie beim Militär Karriere machen, dann hinderte man sie daran; wenn daraufhin wieder Manche keine sonderliche Lust am Dienste hatten, hielt man es ihnen wieder vor. Wurden sie reich, dann erweckte das Eifersucht; war irgendwo ein unbedeutender Jude, dann wurde daraus der Schluß gezogen, daß der Jude überhaupt unfähig ist. Es ist wirklich überraschend, wie ähnlich das Eintreten Deutschlands in der großen Welt, und das Emporsteigen der Juden in Deutschland von der Außenwelt gewertet werden.

Wir sehen es ja in unserer Zeit, wie nichts zu plump ist, um geglaubt zu werden, wenn ein Volk neidisch ist. An diesen Instinkt appellierten auch die Antisemiten. Der Jude, der die deutsche Sozialdemokratie mitschuf, soll an den Auswüchsen des Kapitalismus schuld sein, bloß weil findige Köpfe, wie die Tietz, Wertheim, Jandorf, Israel, den Fabrikbetrieb, das Maschinelle auch in den Kleinverkauf einführten und das Warenhaus schufen.[4] Und wie einstmals die Handweber die Fabriken stürmten und die Maschinen zertrümmerten, so kämpften die kleinbürgerlichen Kaufleute und

Handwerker gegen die Riesenunternehmen, und verwechselten Person und Sache. Wer diese modernen Erfinder haßte, wurde Antisemit.

Wie Deutschland in der Welt überall auf Neider stieß, so fand auch der Jude in Deutschland überall mißgünstige Seelen. Wie beschränkt diese waren, geht schon daraus hervor, daß sie durch den Antisemitismus alle sozialen Fragen und Schäden zu lösen glaubten.

Die antisemitische Literatur ist zwar recht armselig, aber Deutschland hat das traurige Verdienst, diese „Wissenschaft" in der Hauptsache geschaffen zu haben. Die anderen Länder, die sich vielfach viel länger und viel ungenierter in der Bedrückung ihrer lieben Juden überboten, bekamen leider von Deutschland neue Impulse. Die Pamphlete der Ahlwardts gingen in alle Welt und richteten außerhalb der schwarz-weiß-roten Grenzpfähle, besonders auch in Österreich, erschreckendes Unheil an. Noch vor kurzem hat der große Staat Rußland den Juden einen Ritualmordprozeß gemacht, nachdem vorher Österreich und Deutschland ihre Ritualmordhetze gehabt hatten. Noch schmachtet in österreichischen Kerkermauern ein wegen eines „Ritualmordes", — wie alle Juristen beteuern, unschuldig — verurteilter armer Jude: Leopold Hilsner. Keine Lüge war den Antisemiten zu niedrig — man lese nur ihre Bücher — keiner ihrer Führer zu — bedenkenfrei. Meist waren sie recht dunkle Ehrenmänner. Aber das Gift, das sie verstreuten, trug dennoch eine reiche Saat. Ein Mann beteiligte sich dabei, dessen Schriften man nicht so ohne weiteres mit denen der anderen vergleichen darf: Houston Stewart Chamberlain. Chamberlain hat zwar neuerdings einiges Wasser in seinen Wein gegossen. Er hat erklärt, seine früheren Behauptungen gegenüber den deutschen Juden[5] nicht aufrecht zu erhalten. Chamberlain ist ein so maßloser Chauvinist, daß er selbst Christus als Germanen reklamieren zu müssen glaubte. Er, der noch vor kurzem allen Germanen, auch den Engländern, Lob sang, hat nun ein Pamphlet losgelassen, für das es kaum ein Wort der Entschuldigung gibt. Als geborener Engländer durfte er nie und nimmer in der Weise das Nest beschmutzen, dem er entstammte. Es gibt nichts Verächtlicheres, als wenn Renegaten dem Volke, dem sie entstammen, in solcher Weise seine Fehler vorhalten. Wenn sie, die die Schwächen am besten kennen, sie zusammenstellen, übertreiben und daraus ein Urteil fällen. Wenn wir nach der Methode Chamberlains dozieren wollten, müßten wir zu dem Schlusse kommen: Alle Engländer taugen nichts. Der Engländer ist so und so. Also ist auch Houston Stewart Chamberlain ... So ähnlich wurde nämlich nach H. St. Chamberlain über den semitischen Geist, über den Juden im allgemeinen und im besonderen geurteilt, selbst wenn er — weit mehr als Chamberlain, der die deutsche Kultur erst seit einiger Zeit genossen hat — seit Jahrhunderten Anteil an allen Gütern deutschen Geisteslebens genommen hatte.

Nein, „der Jude" in Deutschland war zum Teil tüchtig und fähig, zum Teil faul und indolent. Er war auf der einen Seite ein stiller Mann der Wissenschaft, der nach dem Muster des genialen Spinoza, Marx und vieler anderer, die ohne nach der Anerkennung der Öffentlichkeit zu lauern, in stillem Kämmerlein ihre Werke schufen.[6] Es gab aber auch Eintagsgrößen, die sich kaum von Charlatanen unterschieden. Maezene und Volksfreunde hat es unter den Juden gegeben, die ihr Vermögen dem Fortschritt hingaben, ohne daß es die Menge erfuhr. Keine ideale Bewegung existiert, die nicht an den Juden reiche Förderer hat: für Frauenrechte, für Kinderschutz, für die Waisen, Arbeitslosen, Blinden etc., die Bestrebungen für die Abstinenz, für Friedenspropaganda, für Vegetarismus, für alte Bühnenkünstler, für alle Künste, — der Jude hat seine Person, sein Ansehen und nicht zum mindesten sein Geld jederzeit guten und idealen Zwecken zur Verfügung gestellt.

Der Jude, der so sehr für jeden sozialen Fortschritt zu haben war, der auf Grund alter historischer Gewohnheiten für den Ruhetag in der Arbeitswoche, für das Angestelltenrecht etc. eintrat, der sich stets für Freiheit einsetzte, wurde den Massen als Ausbeuter schlimmster Sorte, als soziales Hemmnis hingestellt. Vergeblich sein Eintreten für alle demokratischen Ideale, für individuelle Freiheit, für internationale Verständigung. Wie der wirtschaftliche Neid nicht nur den Blick trübt, sondern fast blind macht, sehen wir jetzt ja an den Engländern. Diese Gewaltsmacht, die so oft ganz real die Verhältnisse beurteilte, schilt die Deutschen Barbaren, während sie ihr Heer zusammensetzt und sich verbündet mit Hunderttausenden von Negern, Indiern, Zuaven, Tscherkessen, Kosaken, Kalmücken und allen schiffbrüchigen Existenzen der neuen und alten Welt. Dieses für Geld geworbene Analphabetengesindel soll das Vorkämpfertum der Kultur sein! Die Engländer, die am längsten den Sklavenhandel geduldet, nein gezüchtet hatten, die in Südafrika die Burenfrauen mordeten, in Ägypten die Verträge brachen und die Indier verhungern ließen, sind mit Recht als Heuchler an den Pranger gestellt worden. Bei den Franzosen gelten alle Deutschen als Boches, als Verbrecher und als Schweine. . . . Dieser Weltkrieg, an dem 10 Millionen Juden beteiligt sind und schwere Opfer bringen, darf nicht vorübergehen, ohne daß das von Antisemiten getragene absprechende Urteil über sie in Acht und Bann getan wird. Ein Urteil, das ebenso unberechtigt ist wie das der Entente-Mächte über die Deutschen. Nicht nur, weil ein prächtiges Kaiserwort das gehässige Treiben der Rassen- und Religionsschnüffler für die Dauer des Krieges unterband, sondern weil Deutschland und die Welt einsehen muß, daß die Behauptung der Minderwertigkeit Andersgearteter allzuoft nur eine billige, überall gehandhabte Waffe des Neides ist.

Und so unterstreichen wir nochmals die Tatsache:

Daß der Jude am Gemeinwohl, am Fortschritt, an der Entwicklung Deutschlands freudig teilgenommen hat, kann kein objektiv denkender Mensch bestreiten. Ob er als Bürgermeister von Posen[7] oder als Stadtrat von Berlin[8] oder Frankfurt, oder im Ehrenamt, oder als Wähler einer Gemeinde seine Pflicht erfüllen konnte, — als der Abkömmling einer alten Kulturrasse interessierte ihn alles öffentliche Leben. Die Städte, in denen die Juden seit langem wohnen und eine gewichtige Stimme haben, sind nicht schlecht damit gefahren. Das reiche Frankfurt blüht, Nürnberg, Fürth entwickeln sich überaus rasch, Hamburg gedeiht.

Die neueste Wissenschaft hat den Juden mehr Gerechtigkeit widerfahren lassen. Sombarts Arbeiten zeigten die Bedeutung der Juden. Es ist ziemlich gleichgültig, ob die Juden Handel und Wandel in die Orte bringen, wohin sie kommen, oder ob sie ihn mit zur Blüte bringen. Jedenfalls ist dort Entwicklung, wo sie unbedrückt leben können.

Außerdem hat eine ziemlich starke Verschmelzung des Adels mit der deutsch-jüdischen Geldaristokratie, die übrigens auch ca. 100 geadelte Familien zählt, stattgefunden. Ebenso ist in den besten bürgerlichen Kreisen vielfach eine Vermischung eingetreten. Solchen Familien entstammte z. B. Dernburg, der bekannte Kolonialpolitiker, Heyse, der Schriftsteller, der Admiral Bendemann, andere führende Männer sind mit Jüdinnen verheiratet.[9]

Die Juden im Kriege.

Obwohl nachweislich viele jüdische Burschenschafter für das schwarz-rot-goldene Band gekämpft und gelitten hatten, obwohl in der Mitte des 19. Jahrhunderts einzelne jüdische Burschenschafter an der Spitze der Verbindungen standen, erklärte 50 Jahre später der Weidhofener Verband der deutsch-österreichischen Burschenschaften alle Juden insgesamt für jeder Ehre bar und verweigerte jedem Juden die Satisfaktion, also auch denen, die bis kurz vorher als alte Herren dem Verband angehört hatten. Dieselbe Überhebung, die ein anderer großer studentischer Verband zeigte, als er Naumann und andere höchst ehrenwerte deutsche Politiker wegen ‚sozialistischer' Tendenzen ausstieß, veranlaßte geistesverwandte junge Leute, die Juden in Bausch und Bogen zu verdammen. Semper aliquid haeret. Noch hinkt die Verleumdung, die Beschmutzung, die Verdächtigung uns nach. Auch dem jüdischen Soldaten.

Der Jude hat sich als Soldat bewährt. In allen Kämpfen der letzten Jahre haben sich Juden bewährt. Die Bulgaren und Türken haben sie im vorletzten Krieg vielfach gerühmt. Selbst im antisemitischen Rumänien ist ein jüdischer Oberst (Brociner), der sich im Krieg 1878 auszeichnete, der Kommandeur der Leibgarde und des Königl. Schlosses. In Österreich sind Juden kommandierende Generale, in Italien war der frühere Kriegsminister Ottolenghi Jude und schon Napoleon hatte jüdische Heerführer.

In den deutschen Freiheitskämpfen gab es viele freiwillige jüdische Vaterlandsverteidiger, einige erhielten auch den Offiziersrang. Auch später konnten Juden, hauptsächlich anno 1870, Offiziere werden; aktive Offiziere standen nur in Bayern, ungetaufte Juden waren hier hauptsächlich Reserveoffiziere und aktive Militärärzte, ein Jude brachte es einige Jahre vor dem Kriege bis zum Major.[10]

Im Kriege stellten sich nun erfreulicherweise viele Kommandeure auf den Standpunkt, den einmal der leider auf dem Felde gefallene Hauptmann von Treskow also präzisierte: „Wenn wir die Juden prinzipiell nicht befördern, dürften wir ihre Dienste auch nicht in Anspruch nehmen". Nach Schätzungen werden jetzt über 900 Juden als Offiziere, ungerechnet die Militärärzte, im Felde stehen. Viele sind wegen besonderer Tüchtigkeit befördert worden, das „Hamburger Israel. Familienblatt" stellte schon über 20 Träger des Eisernen Kreuzes I. Klasse fest (z. B. der Flieger Frankl, der Reichstagsabgeordnete Haas), darunter waren alle Waffengattungen vertreten. Auch bei der Marine und in den Schutztruppen haben sie sich ausgezeichnet. Nach dem Kriege werden die Ziffern insgesamt zur Verfügung stehen. Das in Breslau erscheinende „Jüdische Volksblatt" hat die Namen veröffentlicht, die bestimmt dem Judentum angehören. Darnach haben bis zum Herbst 1915 knapp 5000 Juden (also fast 1% der gesamten deutschen Judenheit!) das Eiserne Kreuz erhalten, von über 3000 Juden konnte namentlich festgestellt werden, daß sie den Heldentod fürs Vaterland gefunden. Leider kann diese wöchentliche Zusammenstellung nicht den Anspruch auf Vollständigkeit erheben. Da die jüdische Jugend, soweit sie nicht gedient hatte, gleich zu Beginn des Feldzuges freiwillig in großer Zahl (— es wäre sehr interessant, wenn die Heeresverwaltung diese Ziffer veröffentlichen würde —) sich stellte, sind die Verluste sehr stark.[11] In allen jüdischen Jugendvereinen wird diese Tatsache festgestellt. So ist z. B. in der jüdischen Turnerschaft eine Kriegssterblichkeit, die sich in den einzelnen Untervereinen bis 33% der Mannschaften (wie z. B. bei dem Ruderklub ‚Ivria') stellt. Die meisten Turn- und Sportvereine der jüdischen Turnerschaft mußten zu Beginn des Krieges ihren Betrieb aufgeben, da alle Mitglieder zu den Fahnen eilten.

Die Mitglieder der jüdischen studentischen Verbindungen stellten gleichfalls viele Freiwillige. Von den 2000 Mitgliedern des K. C. (Kartellkonvent) und des K. J. V. (Kartell jüdischer Verbindungen) rückten fast alle aus; ein Drittel davon als Kriegsfreiwillige. Sehr zahlreich war auch die Beteiligung freiwilliger jüdischer Ärzte. Nach einer Statistik beträgt die Verlustliste bei den jüdischen Ärzten schon über Hundert. Auch der jüdische Arzt hat an der Front und im Seuchenlazarett seinen Posten ausgefüllt.

Der tapfere jüdische Soldat und Offizier verschwindet oft in der Menge. So glaubte man z. B. allgemein nicht, daß der einzige Soldat, der bei meinem Regiment das Eiserne Kreuz I. Klasse im Jahre 1914 besaß, ein Jude war (der später als Leutnant gefallene Gottfried Sender, Lehrer an einer jüdischen Mittelschule, welcher es im Frieden knapp bis zum Gefreiten bringen konnte). Vielfach ist aber die Tüchtigkeit des jüdischen Vorgesetzten und Soldaten von hohen Offizieren anerkannt worden. Exempla docent. Die überaus große Zahl von Beförderungen, Dekorationen etc., über die sich jeder, namentlich z. B. im „Hamburger Israelitischen Familienblatt" informieren kann, gibt die beste Gewähr. Der österreichische Thronfolger hat oftmals Gelegenheit genommen, sich dahin auszusprechen, daß der persönliche Mut und die Zuverlässigkeit des jüdischen Soldaten durch diesen Krieg aufs neue bewiesen wurden.[12]

Ebenso wie der sozialdemokratische wurde auch der jüdische Soldat endlich einmal von den Meisten vorurteilsfrei betrachtet und bewertet. Natürlich gibt es auch Fälle, wo sich Vorgesetzte noch nicht in den Gedanken der Gleichwertigkeit „solcher Elemente" hineinleben konnten.

Die ungeheure sozialdemokratische Begeisterung ist nicht zuletzt das Produkt der so oft geschmähten „inter"-nationalen Denkweise jüdischer Führer, mit der man früher alles Unrecht gegen Juden deckte und erklärte. Die Führer haben ihren Patriotismus nicht nur durch billige Phrasen dokumentiert, sie sind nicht wie andere Sozialistenführer à la Vandervelde als Wanderredner durch die Lande gefahren, um die Menschen aufzuwiegeln, haben à la Hervé billige blutrünstige Artikel geschrieben oder sich als Leutnants, wie D'Annunzio, zu Hause wichtig gemacht. Der Jude Ludwig Frank[13], vielleicht der fähigste Kopf in der sozialdemokratischen Partei, trat als einfacher Soldat in Reih und Glied und fiel — wie er es wünschte — als ein einfaches, aber schönes Beispiel treuer Vaterlandsliebe.

Aber nun kam, was nicht kommen durfte. Man hat in vielen Zeitungen über den Mannheimer, über den Rechtsanwalt, über den Sozialdemokraten Frank geschrieben. Man hat bewiesen, daß ein Sozialdemokrat patriotisch sein könne. Daß er aber ein Jude war, diese Tatsache wurde nach Möglichkeit verschwiegen. — Nicht zum Beweis der Tapferkeit und der Vaterlandsliebe wollen wir Frank als Juden registrieren. Es liegt eigentlich eine unglaubliche Verworfenheit des Charakters vor, wenn jemand von einer kulturell so hochstehenden Rasse wie der jüdischen, von der Tausende im öffentlichen Leben wirken, welche alle Kulturstätten deutscher und anderer Bildung genossen haben, annehmen könnte, daß Mannesehre und Würde bei ihnen nicht zu finden wäre.

Daß man bei allen Nachrufen aber sichtlich vergessen wollte, zu erwähnen, daß der erste deutsche Volksführer, welcher mit seinem Tode die

Treue zur Heimat und zum Staate besiegelte, ein Jude war, ist keine erfreuliche Erscheinung.[14] Ebensowenig wie die Tatsache, daß die Dichter des großen Krieges, die zuerst verwendet wurden und starben, Juden waren. Wir nennen nur Zuckermann, der das wundersame österreichische Reiterlied empfand, und Heymann, den jungen Königsberger Lyriker, sowie den Schlesier Georg Hecht. Man hat so oft über die billige Poesie, wie sie Literaten hinterm Schreibtisch gewinnsüchtig betreiben, gespottet. Zuckermann, Heymann, Georg Hecht. Ich kannte die glühende Begeisterung, die sie mit dem Leben zahlten.

Wie aber war die Haltung der jüdischen Bevölkerung vor dem Ausbruch des Krieges? Die Juden haben sich in allem überaus würdig benommen. Daß sie als Kaufleute und Bankiers usw. nicht wie die Militärs beständig sich um die Militärangelegenheiten bekümmerten, ist selbstverständlich. Das berühmte „jüdische internationale Großkapital“, von dem soviel gefabelt wird, ist nie in Aktion getreten. Die jüdischen Bankiers und die jüdischen Kaufleute benahmen sich nicht anders wie die andern Schichten der Bevölkerung. Ruhig und ernst, wie es der Situation entsprach, als ihre Söhne entweder freiwillig oder als Militärpflichtige hinauszogen. Reiche Gaben und Spenden flossen allen Instituten von ihnen zu. Und was in der Heimat geleistet werden konnte, wurde getan. Männer wie Ballin, Rathenau, Riesser ruhten im Kriege nicht. Es ist noch nicht die Zeit, ihrer Verdienste für die Volksernährung, für die Munitionsergänzung und anderer Dinge zu gedenken.[15]

Die deutschen Juden hatten schon in Friedenszeiten eine zu geringe Vermehrung. Zu viele blieben aus wirtschaftlichen Gründen oder aus Laune Junggesellen; die vielen Spätehen der akademischen Kreise und der Kaufleute bedingten einen hohen Prozentsatz kinderloser Ehen. Die, die Kinder haben, begnügen sich mit zweien. Auf die deutsche Judenheit, welche eine geringere Geburtenziffer als die Franzosen hat, wird der Krieg eine unheilvolle Bedeutung haben. Er rächt die Beschränkung der Kinderzahl.

Die durch Taufe und Mischehe und Kinderlosigkeit geschwächte deutsche Judenheit weiß, daß dieses elementare Ereignis ihre Reihen noch mehr lichten wird. Alte Familien werden durch den Krieg erlöschen, die deutsche Judenheit wird unendlich geschwächt und in ihrer Existenz erschüttert aus dem Kriege hervorgehen.

Die jüdische Jugend zahlte gern die Teilnahme an der deutschen Kulturgemeinschaft mit dem Tode.

Juden im Ausland.

Italien, Frankreich, England sind judenarm. Italien hat nur 40000, Frankreich 120000, England nicht ganz 300000, also alle drei Länder zusammen nicht viel mehr als Preußen. In der englischen Regierung saß vor 35 Jahren ein bedeutender Jude, Lord Beaconsfield, der mit Bismarck eine Verständigung der beiden Länder herbeiführte. Heute hat im britischen Ministerium nur Lord Samuel ein Portefeuille, das des Postministers, der nur in seinen Angelegenheiten eine Stimme hat.

In Italien ist der bekannte Sonnino der Sohn eines getauften italienischen Juden und einer englischen Christin. Außerdem ist in Italien der Finanzminister Luzzatti Jude, der sich ursprünglich gegen den Krieg aussprach.[16] Das judenreinste Kabinett Rußlands trägt die Hauptverantwortung für diesen Krieg. Das Land, in welchem die Juden am wenigsten zu sagen haben, hat am stärksten zum Kampf gedrängt.

In England lag die Entscheidung ausschließlich bei wenigen Nichtjuden. Bedeutende englische Juden hatten sich gerade in den letzten Jahren für eine gegenseitige Annäherung Deutschlands und Englands bemüht, weil sie instinktiv die Entfremdung der Länder bemerkten.[17] Als der Krieg begann, legten Sir Cassel und Sir Speyer ihre Würden nieder.

In Frankreich war das Kabinett wie in Rußland und Serbien „judenrein". Die Juden an der Pariser Börse haben wahrlich keinen Krieg inszeniert. Als der Krieg aber ein fait accompli geworden war, haben einzelne frühere Deutsche resp. Elsässer in Frankreich und England aus der Angst für ihre Existenz unsympathische Kundgebungen erlassen. Ob sich darunter viele Juden befanden, weiß ich nicht. Ich konnte es nicht erfahren. Der berüchtigte Obermacher der Bethlehem Steel Company, Schwab in Amerika, welcher wohl der anrüchigste Typ des Renegaten ist, stammt von württembergischen Eltern, ist nicht, wie deutsche antisemitische Blätter verleumderisch behaupten, ein Jude. Er ist vielmehr der Nachkomme eines Pfarrers.

Wenn in einem Staate eine ziffernmäßig einflußreiche jüdische Volkschaft war, die sich für den Frieden hätte einsetzen können, so wäre es die Rußlands gewesen. An sieben Millionen Menschen, die aber in der Duma nur durch einen Abgeordneten vertreten sind. (Auf diese Juden werden wir noch später zu sprechen kommen.) Sie waren vollkommen machtlos.

Der Jude ist nicht, wie das alte, aber abgeschmackte Märlein der Antisemiten es will, der Brandzünder des Weltkrieges gewesen. Er war ein Freund des Friedens. Er würde als Kriegshetzer auch am allermeisten gegen sein Interesse handeln. Der Beamte wird im Krieg durch den Staat hinreichend ökonomisch geschützt, der Bauer findet nach dem Kriege immer seinen Grund und Boden wieder. Der Jude aber als Kaufmann hat durch die Unterbindung des Außenhandels enorm verloren. Bei einer großen Zahl der jüdischen Firmen ist mit einem Schlage der Lohn arbeitsvoller Jahre dahin gewesen. Und nach dem Kriege wird es auch für sie des größten Fleißes bedürfen, um nur annähernd das wieder zu erreichen, was man vorher an Wirtschaftsbeziehungen besaß.

Am meisten unter allen Völkern haben die Juden in Österreich gelitten. Die Besetzung Galiziens und der Bukowina stürzte 800000 Juden ins Unglück. Der ruthenische oder polnische Bauer wurde von der russischen Regierung mit aller Schonung behandelt. Gegen den Juden ist man jedoch mit aller Niedertracht verfahren, die man sich denken kann. Der Bauer hat sein Heim, seine Ernte, seinen Verdienst behalten. Der galizische Jude ist — , wenn er nicht gar nach Sibirien transportiert wurde, — zum armseligen Bettler geworden. Sein Haus, seine Ware, sein Geld vernichtet, er selbst brotlos und heimatlos. Man lese darüber das Buch Segels „Der Weltkrieg und das Schicksal des jüdischen Volkes“[18] — und man wird das Gruseln dabei lernen.

Eines der auch amtlich nachgewiesenen Ereignisse möchte ich hier zur Probe nach der Schilderung Benjamin Segels wiedergeben:

„Im 16. Jahrhundert pflegten sich die Kosaken im Kampfe gegen Polen eines von den Tataren entlehnten Kriegsmittels zu bedienen: wenn sie eine Festung stürmten, trieben sie mit Lanzenstichen und Gewehrfeuer Gefangene vor, die Säcke voll Erde auf den Schultern trugen und unter dem Kugelregen ihrer eigenen belagerten Landsleute die Laufgräben um die Festung ausfüllen mußten, wobei sie unter der Last begraben wurden. Diese unmenschliche Sitte ist aus dem Kriege zwischen zivilisierten Völkern verschwunden. Die Japaner haben nur oftmals gegen die russische Feldarmee Viehherden vorgetrieben, die das heftigste Feuer auffingen. Die Russen aber haben in Galizien aufs neue den Brauch eingeführt, Menschen, wehrlose Menschen zu diesem Zwecke zu gebrauchen. Nicht etwa Gefangene, sondern Nichtkämpfer, Greise, Frauen und Kinder. Vor Nadworna im Südosten Galiziens geschah das Furchtbare. Die Russen brachten eintausendfünfhundert jüdische Familien zusammen und trieben sie vor die österreichische Front, während sie selber hinterdrein vorrückten.

Die menschliche Sprache hat keine Worte, um das Grausame dieser Untat auch nur annähernd zu kennzeichnen.“ —

Bekannt sind die Befehle russischer Kommandanten, von denen ich z. B. den des Etappenkommandeurs von Krosna, vom 10. März, wiedergebe:

„Für jeden Fall, in dem die deutsche oder österreichische Regierung jemanden aus der nichtjüdischen Bevölkerung bestraft, sind die Juden verantwortlich. Zu diesem Zweck werden jüdische Geiseln mitgenommen und für jeden Nichtjuden wird man zwei Juden umbringen."

Das Stockholmer Blatt „Sozialdemokraten" konstatierte: Jeder russische General, der eine Niederlage erleidet, schiebt die Schuld einfach auf — die Juden in dem Gebiete, wo er ist. Die Juden wurden zu Zehntausenden ausgewiesen: auf lose Angebereien wurden sie erschossen und erhängt.

Und in Rußland? Die russischen Juden dürfen, das ist in Deutschland kaum bekannt, nur in den westlichen polnischen, litauischen und bessarabischen Provinzen Rußlands wohnen und auch hier nicht auf dem Lande, sondern nur in den Städten. Sie sind vom Ackerbau abgeschlossen, Bodenerwerb ist ihnen streng untersagt. Künstlich hat die russische Regierung alle modernen Bildungsbestrebungen verboten, alle freiheitlichen Regungen unterdrückt, die idealistische Jugend, die ihre Glaubensgenossen organisieren wollten, die für irgend einen Fortschritt kämpften, gefangen gesetzt. Tausende gerade der Fähigsten sind ausgewandert. Amerika nahm allein 2 Millionen dieser unfreiwilligen Emigranten auf. Was blieb, ist ein Torso. Die ständigen Judengesetze und Verordnungen treiben willkürlich die Juden in gewissen Städten zusammen. So hat das Jahr 1882 eine maßlose Überfüllung des Ansiedlungsrayons hervorgerufen. Das polnisch-jüdische Ghetto ist ein modernes Kunstprodukt, wofür die russische Regierung verantwortlich zeichnet. Mit Gewalt hält die Obrigkeit die jüdische Bevölkerung in Armut, hindert jede hygienische Regung und verbietet alle geistigen Bestrebungen. Es ist unmöglich, daß die Verhältnisse anders sind, als wir sie antreffen, und das antisemitisch absprechende Urteil berücksichtigt nicht, daß es sich um ein Volk handelt, das in allem geknebelt und entrechtet ist. Der Krieg, der sich im Westen Rußlands abspielt, hat naturgemäß die Juden am stärksten betroffen.

Hunderte jüdischer Gemeinden sind zertreten. Ich habe selbst viele in Polen sowie nördlich der Weichsel und besonders im Gouvernement Kowno, sowie in Kurland gesehen.

Über die Lage der Juden in Rußland informiert das Büchlein von Kurt Aram: Der Zar und seine Juden[19] („Das jüdische Elend in Warschau ist doch noch viel gräßlicher als alles andere, was ich sah.") Und Dr. Claus schreibt im Russenheft der Süddeutschen Monatshefte: „Schon in Friedenszeiten war das Elend unter den Juden groß; wer einmal einen Einblick in die Ghetti Warschaus oder einer litauischen Stadt getan hat, wird das Bild des Grauens so leicht nicht los."

Ich will nicht eingehend über all das Grauenhafte schreiben, was selbst die russische Zensur in ihren Blättern bringen ließ. Einwandsfreie nichtjüdische Abgeordnete haben in den denkwürdigen Dumatagen des August das tragische Geschick des jüdischen Volkes, das von der Regierung zu allen Zeiten als Blitzableiter dienen mußte, gekennzeichnet. Geben wir der „Guerre Sociale", dem bundesgenössischen Blatt, darüber das Wort:

„Das österreichische wie das russische Polen ist von Polen und Juden bewohnt. Was hat man getan, um z. B. die Juden für die Sache der Verbündeten zu gewinnen? Hat man nicht vielmehr alles getan, sie en bloc in das Lager unserer Feinde zu treiben? Wenn alles das, was amerikanische Blätter über die den Juden seit Kriegsbeginn zuteil gewordene schmachvolle Behandlung mitteilen, wahr ist, wie kann Rußland dann für sie etwas anderes sein, als ein Land des Schreckens und der Schande, wo ihre verfolgte Rasse den Becher bis zur Neige geleert hat."

Und nochmals die „Guerre Sociale" (Gustav Hervé): „Mir kommt nicht zu, in diesem Augenblick, wo das befreundete und verbündete Rußland schmerzliche Stunden durchlebt, davon zu erzählen, wie es viel zu lange die Juden behandelt hat. Es hat sie aber behandelt, wie unsere Vorfahren sie im Mittelalter behandelt haben."

Und schließen wir mit den mutigen Worten des jüdischen Dumadeputierten Friedmann, den keine Angst vor Einkerkerung oder vor Sibirien abhalten konnte, nach allen vorliegenden Zeitungen u. a. folgendes festzustellen:

„Die Zeitungen registrierten eine ungeheure Menge jüdischer Kriegsfreiwilliger. Diese Freiwilligen sollten ihrem Bildungsgrad nach Anspruch auf Offiziersrang haben, aber sie wußten ganz gut, daß sie als Juden den Offiziersrang nicht bekamen. Trotzdem zogen sie in den Krieg.

Zahlreiche jüdische Studenten kamen aus dem Ausland und gingen an die Front. Die Juden zuhause bauten Lazarette, spendeten viel Geld und brachten verhältnismäßig weit größere Opfer als andere Nationen.

Viele jüdische Soldaten bekamen auch das Georgskreuz. (Ich habe selbst verschiedene gesehen. Der Verf.) So war die Stimmung der Juden bei Kriegsausbruch. Aber wir dürfen nicht vergessen, daß im Polenland jüdisches Blut in starken Strömen fließt, und zum Unglück nicht nur von Feindeshand. Militärbehörden und Regierung brauchten Sündenböcke für ihre Mißerfolge. Man benutzt zu diesem Zweck die alte Firma, das ist der Jude. Kaum überschritt der Feind die Grenze, so verbreiteten sich Gerüchte, daß jüdisches Gold auf Aeroplanen, in Särgen und Eingeweiden von Gänsen zu den Deutschen floß. Die Legende wuchs, sie verbreitete sich dank der Agitation der Regierungsagenten und nahm schließlich ungeheure

Dimensionen an. Den Juden gegenüber wurden unerhörte Maßnahmen angewendet und diese Maßnahmen, die vor den Augen der ganzen Bevölkerung vollzogen wurden, flößten derselben und der Armee das Gefühl ein, daß die Juden als schlimmste Feinde außerhalb des Gesetzes stehen. Zuerst wurden alle Juden aus Polen und Litauen ausgewiesen. Über eine Million Menschen mußte den Bettelstab ergreifen. Verwundete jüdische Soldaten mit dem Georgskreuz wurden in Viehwagen und wirklich wie Vieh mit einem Frachtschein abtransportiert. Jüdinnen, deren Männer, Kinder und Brüder ihr Blut fürs Vaterland vergossen haben, wurden überall verfolgt. Eine andere harte Maßnahme war das Geiselnehmen. Es handelt sich hier um einen unerhörten Fall in der Weltgeschichte. Man nahm als Geiseln Staatsangehörige des eigenen Landes. Anders als eine Schmach kann man das nicht nennen."

Trotzdem Millionen nur Jiddisch verstehen, wurden in ganz Rußland die Korrespondenzen, Telefongespräche, Unterhaltungen auf der Straße in Jiddisch verboten und die Unglücklichen eingekerkert, die dagegen verstoßen mußten.

Rußland erklärt, daß des Zaren „liebe" Juden Freunde der Deutschen sind, daß sie denen zu Liebe spionieren, ja sogar auf die russischen Truppen schießen. Gewiß bestehen vielfach Sympathien für die Deutschen auf Seiten der russischen Juden, weil viele Deutsche zwar auch Antisemiten, aber doch nicht so grausame Feinde der Juden sind wie die Russen. Aber zwischen einigen Sentiments und zwischen der Äußerung irgendwelcher staatsfeindlicher Gefühle ist doch noch ein sehr weiter Sprung. Selbst die, welche sich darüber klar sind, daß ihnen die deutsche Regierung wegen des geringeren antisemitischen Druckes lieber wäre, wagen sicherlich nicht die geringste Tat. Sie wissen, daß sie als Juden schon ohne allen Grund als Vaterlandsverräter gebrandmarkt sind, daß man ihnen über Schritt und Tritt nachforscht. Und sie hüten sich ängstlich vor jedem Verstoß. Wer die Psyche der Ostjuden kennt, weiß, daß es, abgesehen vom Hindu, keine friedlichere Bevölkerung gibt. In der strenggläubigen Bevölkerung sprechen dabei auch religiöse Auffassungen mit.

Was die russischen Juden den Deutschen so nahebringt, ist ihre Sprache und ihre Kultur. Wohin der deutsche Soldat in Rußland kommt, er nimmt sich immer den Juden vor, von dem er weiß, daß er Deutsch versteht, und daß er überhaupt nicht schwer von Begriff ist.

Die deutsche Regierung, die Militärverwaltung hat überall gerne jüdische Mitarbeit gesucht und gefunden. Andererseits haben gerade die jüdischen Gemeinden in weitgehendster Weise die Not unter den Juden gelindert, sogar im armen Osten haben die jüdischen Religionsverbände ihre Angehörigen gestützt, und dem Staate damit seine Aufgabe erleichtert.

Die Lehren des Krieges.

Die Ergebnisse aus dem Kriege für das Verhältnis der deutschen Juden zum Reiche sind leicht zu ziehen. Wie im Frieden, so haben sich die Juden besonders in den schweren Zeiten der Stürme als gute Staatsbürger bewährt. Der Burgfriede hat es ermöglicht, daß die, welche durch lange Zeit als Soldaten II. Klasse und auch als mindere Staatsbürger behandelt worden waren, ihre Pflicht in vollem Maße taten und mehr als das. Wenn man die Zahl der jüdischen Kriegsfreiwilligen, die zum Heere strömten, zählen wird, dürfte mancher frühere Antisemit erstaunen. Soviel Liebe und Begeisterung für ein Vaterland, das seinen jüdischen Mitbürgern die Zeiten des Soldatenstands nicht zu den angenehmsten machte, kann nur bei einem Volke gefunden werden, das in seinem Kern ein loyales ist. Und die Juden waren und sind denn auch tatsächlich in England, in Frankreich, in Italien und Österreich, in den Vereinigten Staaten, in Holland etc. überall als ein unbedingt gut patriotisches Element bekannt.

Wenn sich etwas aus den Lehren des Augenblicks für die Zukunft ergeben müßte, so ist es die Forderung der vollen Durchführung der Gleichberechtigung der jüdischen Staatsbürger in Deutschland. Wie sich in Österreich die Ungarn bewährten, wie die Polen und Elsässer und Dänen in unseren Heeren zum Erfolge beitrugen, so vor allem die Juden, die nie auf deutschem Boden ein eigenes Territorium zu gründen suchten, die nie in geschlossener Organisation irgend welchen staatlichen, sprachlichen oder kulturellen Bestrebungen der Deutschen im Frieden wie im Kriege eine Gegnerschaft aufboten.

Der deutsche Jude hat keine nationale und religiöse Politik, die sich gegen die der andern Staatsbürger wenden kann. Es gibt keinen jüdischen Verein, der Deutschland liberal, demokratisch oder sozialistisch regiert haben will. Wohl aber gibt es jüdische Redakteure bei den Freikonservativen, bei den Nationalliberalen, bei den Volksparteilern und in der Arbeiterbewegung. Eine irgendwie einheitliche jüdische Politik gibt es in Deutschland nicht. Auch ihre religiösen Anschauungen stören niemanden.

Nicht um Lohn zu finden, haben die Juden Seite an Seite mit allen anderen Deutschen gekämpft. Sie haben aber ein Anrecht, nicht um ihre Freiheit verkürzt zu werden. Es muß das Schauspiel des Friedens aufhören, daß der Jude, sobald er getauft ist, Professor, Offizier, Staatsanwalt usw. werden kann. Diese Prämie auf das Renegatentum ist nicht wert, in Friedenszeiten wiederzukehren. Deutschland darf keine antisemitische Politik betreiben, es würde sich sonst an das programmatisch antisemitische Rußland anlehnen. Es kann im Gegenteil auch nicht dem Ehrgefühl deutscher adliger Offiziere entsprechen, mit Männern eng verbunden zu sein, die sich ihrer Ahnen und Herkunft schämen. Es kann nicht die Auffassung der Hüterin des Rechts sein, daß Richter vorerst ihren Glauben abgeschworen haben müssen; es kann keine freie Wissenschaft sein, die das christliche Bekenntnis zur Voraussetzung hat.

Deutschland, der nunmehrige Freund des Islam, kann auch seine jüdische Bevölkerung ihrer Religion nachgehen lassen, ohne dabei Schaden für seine christlichen Bewohner zu nehmen. Der Übertritt vom Judentum zum Christentum muß wieder öffentlich als das gebrandmarkt werden, was es in den weitaus meisten Fällen wirklich ist: als Streberei, Gesinnungsheuchelei, Religionsmißbrauch (alldieweil es keine „überzeugten" Christen sind, die den Weg zum Taufbecken suchen und ihn so leicht finden.)

Der Krieg hat dem elenden Religions- und Rassengezänk im Innern des Landes hoffentlich ein Ende bereitet, nach außen hin wird es noch genug Arbeit geben, um den Haß der Nationen, die Zwietracht, Rachsucht, Mißgunst langsam abebben zu lassen. Auf Jahrzehnte hinaus wird Deutschland genügend Feinde besitzen, es kann daher die Ruhe im Innern doppelt nötig brauchen.

Soziale und biologische Probleme stellen sich in den Vordergrund. Die deutschen Juden haben der Großstadt und der Sucht, wirtschaftlich zu erstarken, bedeutende Opfer gebracht. Junggesellentum aus Vorliebe oder aus Not, weil die Familie ökonomisch eine bedeutsame Last ist, Kinderlosigkeit und Kinderarmut sind die Kennzeichen für die Entwicklung der heutigen deutschen Juden. Ich habe sie in den Büchern „Der Untergang der deutschen Juden"[20], „Das sterile Berlin"[21] und in der Preisschrift der Gesellschaft für Rassenhygiene[22] des näheren dargelegt.

Nun reißt der Krieg weite Lücken in ihre Reihen. Während Deutschland wächst, verkümmert der Anteil seiner Juden. Sombart hat nachgewiesen, wie die Bürokratisierung der Banken, der Schwerindustrie usw. den jüdischen Einfluß hemmt. Dazu kommt die prozentual geringer werdende Beteiligung. Die hervorstechende ökonomische Macht der Juden weicht langsam, aber sicher von selbst.

Eine antisemitische Bewegung könnte höchstens wirtschaftlich wertvollen Kräften, die ohnedies abnehmen, Hindernisse bereiten, Unzufriedenheit in den jüdischen Kreisen säen und den Geist der Zwietracht verbreiten. Deutschland ist kein einheitlicher Staat, aufgebaut auf Grundlagen einer Religion, einer Rasse, einer Staatsform. Es ist (ähnlich Amerika) die glückliche Synthese der verschiedensten Bevölkerungsschichten, die alle als deutsche Staatsbürger respektiert werden wollen. Glaubens- und Rassekämpfe müssen verflossenen Zeiten angehören. Wie traurig ist es, daß noch Millionen von Katholiken glauben, sich politisch vereinigen zu müssen, um entweder in ihren Rechten nicht geschwächt zu werden oder sich größeren Einfluß sichern zu können. Eine Vermischung von Religion und Politik. Sehen wir die Welfenpartei! Eine Gruppe, die nach fünfzig Jahren noch immer die Geschichte umwälzen, nochmals die staatlichen Zustände von 1866 herbeiführen wollte. Die Negation als Grundlage einer politischen Betätigung!

Der große Krieg muß auch im Innern eine Reform bedingen. Er muß uns soweit einander näher gebracht haben, daß wir die volle politische und bürgerliche Gleichberechtigung, die Freiheit des Individuums fürderhin nicht mehr einzelnen Klassen und Gemeinschaften rauben wollen. Neben den Sozialdemokraten sind es die Juden, die vornehmlich als treue Staatsbürger angesehen zu werden verlangen und hoffentlich es auch erreichen. Mag besonders die Ostmarkenpolitik, die antisemitisch bis in die Knochen, durch die mehr oder minder gewaltsame wirtschaftliche Vertreibung der jüdischen Handwerker und Kaufleute in den Städten Posens und der östlichen Provinzen den polnischen Mittelstand aufblühen ließ, ein deutliches Warnungszeichen dafür sein, wie schädlich letzten Endes jede Hetzpolitik ist.

Das Problem der Ostjuden.

Es mag leicht sein, daß ein Friedensschluß dem Deutschen Reich neue polnische Gebiete bringt. Kein Element wird dann so leicht für das Deutschtum sprachlich und staatsbürgerlich zu gewinnen sein, wie das jüdische, das sich durch sechs bis sieben Jahrhunderte, seit es aus den Rheinlanden vertrieben wurde, die deutsche Mundart — wenn auch in eigener Entwickelung — bewahrte. Viele der deutschen Soldaten dachten sich garnichts dabei, als sie in allen Städten Rußlands eine (wenn auch nicht ganz korrekt) deutsch sprechende Bevölkerungsschicht antrafen. Einzelne aber waren darüber doch erstaunt. Sie waren auch überrascht, eine überaus ärmliche, im Wust der Umgebung verschmutzte, aber für alle Entwicklung empfängliche Masse anzutreffen, die sich gerne den deutschen Maßnahmen fügte.

Das Urteil über die polnischen Juden ist bei den Deutschen nicht immer sympathisch. Jedes fremde Volk hat Schwächen, die dem Fremden auffallen, und die leicht zu einer vollkommenen Verurteilung führen. Bei den russischen Juden wird zu wenig daran gedacht, daß die russische Regierung sie gewaltsam in modernen Ghetti zusammenpfercht. Sie dürfen nur im Ansiedlungsrayon wohnen, und hier wiederum nur in den Städten. Vor dreißig Jahren hat man sie so zusammengetrieben ohne Rücksicht darauf, ob die vorhandenen Wohnungs- und Lebensmöglichkeiten genügten. Man hat sie zwangsweise in schmutzige Löcher gestoßen. Die vielen hundert Verbote, die den russischen Juden treffen, rauben ihm die Lust und das Recht, sich Häuser zu bauen, das Heim auszugestalten. Rußland will den Juden vertreiben, und so ist er denn auch immer auf dem Sprung, wegzugehen. Millionen Juden sind bereits nach Amerika, England, Südafrika, Frankreich usw. ausgewandert.

Der russische Jude gilt wegen seiner Sprache (Jüdisch-Deutsch oder „Jargon“) als Deutschfreund. Während sich vielfach Polen und Ruthenen in Österreichisch-Galizien bei der russischen Okkupation recht eigentümlich benommen haben, während in diesen Ländern, besonders aber in Russisch-Polen, die Landbevölkerung in reichlichstem Maße zum Franktireurkrieg und zu Spionage neigte, verhielten sich die Juden überaus loyal. Es ist unwahr, daß sie für Deutschland Kundschafterdienste leisteten; sie haben sich aber naturgemäß auch den Russen gegenüber durchaus korrekt benommen. Dabei wurden die Juden am schwersten durch beide Parteien geschädigt. Die Russen haben aus Haß jüdische Städte, z. B. Szawle, angezündet, und die Deutschen verbrannten u. a. Tauroggen als Gegenmaßregel gegen russische Greuel in Ostpreußen. Tauroggen war aber vor allem eine jüdische Stadt. Kalisch, eine echte Judenstadt, wurde gründlichst zerstört, weil als Zivilisten verkleidete Soldaten aus Bürgerhäusern schossen. Dadurch wurden Tausende von Juden obdachlos. Viele Städte wurden durch Bombardements zerstört, wie Lowicz, Sochaczew etc. Von Seiten der Deutschen mußten vielfach Ausweisungen jüdischer Bürger erfolgen, da man natürlich keinem der feindlichen Staatsangehörigen trauen konnte; die Massenausweisungen der Juden aus Polen, Rußland, Kowno etc. übertreffen ums Dreifache die Zahl der seinerzeit aus Spanien vertriebenen Juden. Bereits wandern heimatlos eine und eine halbe Million im Innern Rußlands, und auch in Österreich sind es Hunderttausende, deren Heim zerstört ist. —

Der deutschsprechende Jude wird, wie oben bemerkt, als Deutschenfreund angesehen. So wie die Verhältnisse vor dem Kriege lagen, hätte es den russischen Juden nichts eingetragen, sich an die Freundschaft Deutschlands zu wenden. Nicht einmal seine eigenen Juden schützte Deutschland vor Rußland. Das Zarenreich erlaubte nur ganz ausnahmsweise den Deutschen jüdischen Glaubens den Eintritt in sein Land. Und Deutschlands Politiker haben gegen diese monströse Beschränkung niemals remonstriert. Sie ließen die öffentliche Beschimpfung ihrer Juden zu, ohne durch irgendeine Gegenwehr, Gegenmaßregel oder nur ernstliche Vorstellung ihre Staatsbürger vor schimpflicher Behandlung zu schützen. Und die deutsch sprechenden sieben Millionen Juden Rußlands? Sie gelten zwar als Freunde Deutschlands, nur daß Deutschland nicht ihr Freund ist!

Deutschland hat zu Beginn des Krieges durch seine Generale erklären lassen, daß es den Polen volle Gerechtigkeit widerfahren lassen wolle. Die Juden, deren Zahl in den Grenzländern bedeutend ist, wurden nicht sonderlich erwähnt.

Es ist anzunehmen, daß sich Deutschland nach dem Kriege allen seinen Juden gegenüber liberal verhalten wird.

Aber es ist doch sehr die Frage, wenn sich keine gewaltigen Grenzverschiebungen ergeben, ob die Judenfrage Rußlands einer Lösung nähergebracht wird. Schon vor dem Krieg hat die russische Regierung die Bedrückung der Juden systematisch inauguriert, die Pogrome des Jahres 1905 waren bestellte Arbeit. Rußland bekennt sich zu dem Lehrsatz eines seiner Minister: „Ein Drittel der Juden wird vertrieben, ein Drittel muß verhungern und ein Drittel ist zu töten.“ (Siehe Errera „Die Judenfrage“.)

Die Judenfrage Rußlands interessiert Deutschland aus vielen Gründen. Die sieben Millionen, die deutsch verstehen und sprechen, bildeten ein wertvolles wirtschaftliches Element, das gerne mit Deutschland Handelsbeziehungen unterhielt. Diese sieben Millionen sind die stärksten Gegner jedes Krieges mit Deutschland, das sie verehren. Wegen ihrer deutschen Sprache und ihrer deutschen Sympathien sind sie in grausamster

Weise von Rußland bestraft worden. — Deutschland hat den Polen zu verstehen gegeben, daß es sich ihrer annehmen wird. Mit noch größerer Berechtigung aber können die Juden erwarten, daß Deutschland sie nicht vergißt, wenn die Frage der unterdrückten Nationen in den Friedensverhandlungen aufgeworfen wird.

Die Juden haben nie im politischen oder sprachlichen Kampfe mit den Deutschen gelegen (wie die Polen), seit Jahrhunderten sind sie zu einem Teile fest verwachsen mit der deutschen Erde. Die in Polen zurückgebliebenen Gemeinden sind bei der Teilung dieses Landes durch Zufall zu Rußland, Österreich oder Preußen gekommen. Die, welche russische Staatsbürger wurden, haben seit jener Zeit eine Geschichte des Leides und der Verfolgung erlebt, die ans finsterste Mittelalter erinnert. Leider wissen unsere deutschen Mitbürger wohl von „Greueln in Armenien", wie sie die Engländer aus politischen Gründen aufbauschten, — die Regierungspolitik Rußlands jedoch, das sich so lange als der beste Freund Deutschlands gebärdete, wußte recht gut über allen ihren Schandtaten dichte Schleier auszubreiten.

Die deutsch sprechenden Juden Rußlands sind zum Teil Zionisten. Die Türkei hat an ihren zionistischen Bürgern in diesem Kriege eine gute Unterstützung gefunden. Deutschland kann sehr wohl, im eigenen Interesse wie in dem seines neuen Bundesgenossen, ein Entgegenkommen der Türkei für eine jüdische Besiedlung der verödeten Landstriche Palästinas befürworten.

Es kann keine Frage sein, daß sofort nach dem Friedensschluß eine Massenauswanderung der russischen Juden beginnen wird, welche die gesamte Völkerwanderung numerisch in den Schatten stellt. Diese Juden, denen man das Letzte genommen hat, die ein volles Jahr lang gequält und getrieben wurden, jeden Augenblick gewärtig, erschossen oder zum mindesten nach Sibirien geführt zu werden, warten nur auf die Möglichkeit, wieder frei zu atmen.

Soll Deutschland diese Emigration nicht zum eigenen Nutzen zu beeinflussen suchen? Soll der Strom der Auswanderer nach Amerika gehen?[23] Deutschland wünscht eine moderne Entwicklung der Türkei. Durch die Verluste, die der Krieg im eigenen Lande zeitigte, ist keine Emigration der eigenen Massen bevorstehend. Im Gegenteil.

Wenn die Erlösung der kleinen Völker einen Rückhalt an Deutschland finden darf, dann kann es die gequälte jüdische Masse des Ostens nur in zionistischem Sinne erlösen. Auf Rußland kann Deutschland nicht einwirken, wie es seine Untertanen regieren soll. Eine breite Öffnung der eigenen Grenzen liegt nicht im Wunsch der meisten eigenen Staatsbürger.

Will Deutschland das Bündnis mit der Türkei ökonomisch ausnützen, will es sich dort eine Masse sichern, die aus sprachlichen Motiven wie auch aus Dankbarkeit zu Deutschland neigt, dann wird es einer großzügigen zionistischen Emigration die Wege ebnen, wird „dem Lande ohne Volk das Volk ohne Land“ geben.

Professor Otto Warburg hat schon vor zehn Jahren darauf hingewiesen, daß die Besiedelung Mesopotamiens von ausschlaggebender Bedeutung für die wirtschaftliche Erschließung und Entwicklung Vorderasiens ist.[24]

Deutsches Kapital hat die großen Bahnbauten nach Bagdad ermöglicht. Wir sind alle daran interessiert, daß Deutschland daraus Nutzen zieht. Hier kann nur eine geeignete Einwanderung helfen, denn die ortsanwesende Bevölkerungsmenge ist nicht ausreichend.

Da schon Massen arbeitsloser Juden in Polen den Behörden zur Last fallen, so wäre es gut, wenn man sich, wie für die ostpreußischen Flüchtlinge, so auch für das jüdische Proletariat Galiziens und Polens interessierte. Sobald sich die türkische Regierung entschließt, einwandernden jüdischen Familien Land anzuweisen, wird auch von der jüdischen Seite das nötige Geld zur Überführung und Ansässigmachung aufgebracht werden. Es ist nur nötig, daß sich der neue Dreibund darüber klar ist, was er mit dem namenlosen Judenelend machen will, wie er den vom Krieg entwurzelten Massen hilft, ohne dabei selbst Menschen zu verlieren. Denn Menschen sind Geld, Männer sind im Kriegsfalle Gewehre. Nie hat man die Bedeutung der Ziffer so erfaßt, wie bei diesem Krieg.

Kommt aber den Juden vom neuen Dreibund keine Hilfe, dann wandern sie bestimmt nach Amerika aus und gehen für die deutsche Sache verloren. Mit ihnen aber ein großes Nationalvermögen, — auch deshalb, weil ja jeder Emigrant etwas Geld bei sich haben muß, was bei einer solchen Völkerwanderung allein schon Millionenwerte ausmacht.

Die Zukunft von Deutschlands kolonisatorischer Tätigkeit liegt im Orient, in der Türkei. Wie kaum je wieder bietet sich eine Gelegenheit, die Kolonisation zu fördern. Kenner des Orients, wie Rohrbach, Auhagen, Paquet[25] u. a., sind gerade in letzter Zeit für diese Orientierung der deutschen Politik eingetreten. Schon früher plante übrigens der verstorbene Großherzog von Baden, das Interesse der Mächte für eine organisierte Kolonisation Palästinas durch die Juden wachzurufen.

Statt dessen hat man den franzosenfreundlichen Jesuiten, die neben zahlreichen Schulen eine Universität in Beirut gründeten, den russischen und griechischen Missionen Raum gegeben und hat die englischen Machinationen unter den Arabern geduldet.

Die neu-deutsche Judenpolitik darf des weiteren nicht in den Fehler verfallen, das jüdische Element im Osten den Polen auszuliefern. In ganz Galizien hat man die Juden dem Terrorismus der Polen überantwortet. Man denke sich, daß dort ca. 900000 Menschen ein deutsches Idiom sprechen, eine Sprache, die der deutschen nähersteht als die flämische Mundart. Gleichwohl konnte man in Österreich nicht erreichen, daß das „Jiddisch", wie es genannt wird, die Rechte einer Sprache bekam. Obwohl es eine Unzahl von Zeitungen gibt, die täglich in diesem Dialekt geschrieben werden, und deren Blätter u. a. in Lemberg, Lodz, Krakau etc. erscheinen (Warschauer und New Yorker Blätter in Jiddisch haben Auflagen von über 100000 Exemplaren), war diese Sprache „von Rechts wegen" verpönt! Der Kaufmann sollte seine Rechnungsbücher damit nicht führen dürfen, Eingaben an die Regierung waren unstatthaft, während unterdessen die jiddische schöne Literatur in alle Sprachen übersetzt wurde, und Theaterstücke, ins Hochdeutsche übersetzt, Sensation in Berlin hervorriefen!

Auch heute hat die deutsche Regierung die Bedeutung dieses Jargons noch nicht erfaßt. Eine Volksschicht, die in polnischen Gebieten lebt, greift aber, wenn sie ihre Muttersprache lassen muß, nicht zu dem dieser nahverwandten Deutschen, sondern zum Polnischen. Es liegt kein Grund vor, die Polen künstlich zu stärken und ein Volkstum, das sich sprachlich ans Deutsche anlehnt, seiner Nationalität zugunsten der polnischen gewaltsam zu entkleiden.

Sollten größere polnische Bezirke Deutschland und Österreich angegliedert werden, so muß das Recht der Minorität geschützt werden. Das moderne Polentum hat sich noch nicht als maßvoller und zuverlässiger Charakter erwiesen. Wo sie es nur konnten, haben die Polen die Juden bedrückt und ausgenutzt. Die galizischen Wahlen waren wahre Schlachttage der Schlachta. In vielen Orten floß jüdisches Blut, weil die Juden keine Polen wählen wollten. Noch schlimmer erging es den Juden in Russisch-Polen, wo sie den Polen und Russen gänzlich ausgeliefert waren.

Wenn die Franzosen und Italiener von „unerlösten Völkern" sprechen, dann haben sie kaum der armen Juden gedacht, und sicherlich nie eine Hand gerührt, um deren Los zu erleichtern.[26] Und sie hätten es doch so bequem. Sie brauchten bloß ihren Bundesgenossen „darauf aufmerksam zu machen". — — —

Die Lage des jüdischen Volkes in Galizien ist eine viel bessere als jenseits der Grenze im Reiche des Friedenszaren. Aber was ihnen noch an nationaler und politischer Freiheit fehlt, wollen wir ruhig und offen darlegen. Umsomehr, als jede Einverleibung neue Hunderttausende uns zuführen müßte, die sich nicht wieder Zurücksetzungen und Schikanen ausgesetzt wissen wollen.

Die Bedrückung an Ort und Stelle zwingt sonst zu einer ungeheuren Auswanderung, die auch in Deutschland zu merken sein dürfte. Dagegen gibt es nur ein Allheilmittel: Lokale Rechte und Hilfe; ferner Ableitung der überschüssigen Kräfte in den Orient durch starkes Entgegenkommen der verbündeten Regierungen. Das heutige System entwurzelt nur die Elemente, die einigermaßen fest an der Scholle, an der Heimat hängen, und jagt sie ins Ungewisse.

Wenn die deutsche Regierung den östlichen Juden nicht entgegenkommen kann, wird auch die dadurch sicherlich eintretende Entvölkerung die wirtschaftliche Entwicklung dieser Länder bedeutend verzögern.

Schluß.

Der Krieg hat Deutschland bewiesen, daß der jüdische Einfluß, welcher sein gut Teil an der finanziellen Erstarkung des Landes, an der Entwicklung seines Handels und seiner Industrie beigetragen hat, nicht umsonst war. Der vielverspottete Geist der Rothschild und Bleichröder, der schon 1870/71 eine Rolle gespielt hat, ist auch diesmal den Heeren gefolgt und hat den Siegen den nötigen Rückhalt gegeben. Börse, Konfektion, Chemie, Getreidehandel sind lauter Begriffe, mit denen der Militarismus zu rechnen hat. Die deutsche Geldwirtschaft kann nicht nur von gewissenlosen Börsenjobbern gegründet sein; denn sie, ebenso wie der deutsche Wollmarkt[27], wie das Sanitätswesen, wie die Fabriken und Ärzte — alles zu hohem Prozentsatz „verjudete" Berufe — haben die Erwartungen nicht getäuscht. Im Innern geht der Handel weiter und erhält uns unsere wirtschaftliche Kraft, und gibt dem Heere das, was die große alte Handelsnation England mühselig sich aus Amerika zusammensuchen muß.

Voreingenommene Nörgler werden auch nach dem Kriege zu den alten Waffen des Neides greifen und die hetzerische Taktik des Antisemitismus wieder aufleben lassen. Wenn aber die Zeitgeschichte etwas gelehrt hat, dann wird hoffentlich nach dem Kriege der unselige Klassen-, Rassen- und Religionshaß in die Rumpelkammer der Geschichte verschwinden.

Wir können uns aber fürwahr in Deutschland das Leben leichter machen, brauchen uns nach außen nicht mehr als ein anscheinend in sich zerrissenes Staatsgefüge zu zeigen, auf dessen Zerfall andere Länder lauern. Wir nähren damit nur falsche Hoffnungen und törichte Berechnungen. Deutschland ist groß genug, um allen seinen Bewohnern Spielraum zu lassen, es ist stark genug, um als Synthese der Religionen und der verschiedenen Volkschaften eine Eigenart zu zeigen. Neben dem bajuwarischen Menschenschlag möchten wir den etwas differenzierten Rheinländer, den Märker, aber auch den Ostpreußen nicht missen. Wer weiß, ob zum Polen und Elsässer nicht auch noch ein flämischer Einschlag kommt. Der Staat kann keine Helotenklasse unter den Bürgern, die er freiwillig einverleibte, errichten. Der deutsche Jude ist nicht erst gegen den Willen der Einheimischen „neu zugezogen".

Seit mehr als einem Jahrtausend vielmehr weilt der Jude im Lande und hat sich stets allen Gesetzen des Staates willig und gern gefügt. Seine Religion ist seit drei Jahrtausenden so von fortschrittlichen, sozialen und hygienischen Maßregeln durchsetzt, daß sie heute noch Bewunderung erregen muß. Die Sabbatruhe, das jüdische Familienleben, die Fleischbeschau, die allgemeine Schulpflicht, die sich bei allen Juden, auch wo der Staat diesbezüglich versagte, längst findet, sind Emanationen einer Kultur, die nur der Böswillige übersehen und gering achten kann.

Der Starke hat Achtung vor der Eigenart des Nächsten und bedarf keiner Machtmittel, um dessen Lebensnerv aus Angst für sein eigenes Ich zu unterbinden. Wir haben in diesem Krieg die Unkultur Rußlands und des Slawentums bekämpft, wir haben gesehen, zu welch verwerflichen Maßregeln die brutale Gewalt des neidischen England drängte. Mag sich Frankreich wie wahnsinnig (und dabei gleichzeitig als Hüterin des Fortschritts) gebärden, Deutschland wird und muß nur noch geläuterter als ein wahrer Hort der Freiheit seiner Bürger und der neutralen Staaten und Völker aus dem Kriege hervorgehen.

Von den über 14 Millionen Juden hoffen und harren die Meisten auf den Sieg der deutschen Waffen. Die Sympathien der amerikanischen Israeliten stehen auf seiten der Zentralmächte. Nicht umsonst und nicht zufällig ist es gerade die Türkei, die von jeher am meisten die Juden toleriert hat und die nie antisemitische Pogrome inszenierte, welche sich an die Seite Deutschlands gestellt hat. Möge die alte Sage des Talmud, die Lessing populär gemacht hat, nicht nur in den Tagen der Greuel und des Völkermordens bei uns eine wahre Stätte der Verehrung finden: die Geschichte von den drei Ringen.

Der muhammedanische, der christliche und der jüdische Glaube sind Formen der Kultur der Menschheit, die so viel der Welt gegeben, die sich so lange bewährt haben, daß es verbrecherisch wäre, Menschenglück und -hoffen um einer vergeblichen, nutzlosen Intoleranz willen zu gefährden.

In dem Machtbereich der eigenen und der verbündeten Länder wird dann die deutsche Politik bedeuten: Friede auf Erden.

Fußnoten

[1] Die oft zitierten jüdischen Vereine haben keinen wirtschaftlichen, sondern einen humanitären Charakter.

[2] Verlag R. Löwit, Wien 1915.

[3] Der letzte Nobelpreis für Chemie fiel nach Deutschland. Sein Träger wurde eine allgemein anerkannte chemische Autorität; der Nachfolger Bayers in München, der Vorstand des dortigen staatlichen Laboratoriums, Geh. Rat Professor Willstätter.

[4] Den „kleinen" Mann haben ähnliche Entwicklungstendenzen in den meisten Fällen an die Wand gedrückt. Großbäckereien, Großschlächtereien, Wäschereien, Restaurationsbetriebe im großen, mit und ohne Filialen sind ähnliche Erscheinungen wie das Warenhaus, welche die selbständigen Handwerker und Kleinbetriebe in ihrer Existenz bedrohen.

[5] Das erklärt er heute, nachdem die Rassenverhetzung den Juden das Leben auf Schritt und Tritt verekelt hat, nachdem seine voreilige Behauptung gegen die Juden die christliche Nächstenliebe bedingungslos aus Hunderttausenden zu Gunsten des Hasses gegen alle Anhänger des mosaischen Glaubens getilgt hat.

[6] So hat der auf dem Felde der Ehre gefallene jugendliche Komponist, Kriegsfreiwilliger Walter Asch, wie eine Münchener Zeitung meldet, in allzu großer Bescheidenheit als seinen letzten Willen hinterlassen, daß seine Werke nicht gedruckt werden dürfen.

[7] Witting (Witkowski).

[8] z. B. Cassel.

[9] So sind z. B. die Nachkommen der bekannten jüdischen Gelddynastien Gumpert und Heine aus Hamburg mit dem deutschen und internationalen Hochadel verschwägert, ebenso wie die als Rennstallbesitzer geschätzten v. Oppenheimer aus Köln, v. Weinberg aus Frankfurt, die Bernstein-Becker aus Königsberg, v. Hirsch-Gereuth aus München. Ursprünglich jüdisch waren folgende nobilitierte Familien: v. Ukro, v. Oppenfeld, v. Renard, v. Moßner, v. Schwanenfeld, v. Halle, v. Löwenthal u. a.

In Bayern gibt es jetzt aktive jüdische Majore und Oberstabsärzte, erstere etwa fünf, von letzteren, soviel bekannt wurde, sieben. In Österreich haben sich Juden als Generale ausgezeichnet; aktive Offiziere gibt es einige Hundert. Nach Bloch's „Österreichische Israel. Wochenschrift" haben sehr viele während des jetzigen Krieges ein glänzendes Avancement erfahren. Eine soeben erschienene Broschüre Ludwig Geiger's „Deutsche Juden und der Krieg", die mir bei der Korrektur vorliegt, bringt genauere Zahlen über die Beteiligung der
deutschen Juden an den Kriegen des XIX. Jahrhunderts. Hardenberg
[10] anerkannte danach schon am 4. 1. 1815: „Die jungen Männer jüdischen
Glaubens sind die Waffengefährten ihrer Mitbürger gewesen, und wir haben unter ihnen Beispiele des wahren Heldenmutes und der rühmlichen Verachtung der Todesgefahr aufzuweisen, sowie die Einwohner Berlins, namentlich auch die Frauen, in Opfern jeder Art sich den Christen angeschlossen haben."

Eine Denkschrift der Regierung Preußens vom Jahre 1847 ermittelte das Verhalten der Juden als Soldaten und stellte fest, daß die Juden in den Freiheitskriegen wie im Frieden den übrigen Truppen nicht nachstanden.

Die „Leipziger Neuesten Nachrichten" konstatierten, daß die in
[11] Deutschland lebenden Juden, gleichviel welcher Staatsangehörigkeit, in
großer Zahl freiwillig zu den Fahnen eilten.

Überall ist die Tapferkeit der Juden anerkannt worden.

Prinz Fuad, der Flügeladjutant des türkischen Sultans, hat dem offiziellen ungarischen Pressevertreter folgende Erklärung abgegeben (in der deutschen Presse im Jüd. Echo, München, Nr. 27, 1915, wiedergegeben):

„Die jüdische Legion, welche auf den Dardanellen operiert,
verrichtet wahre Wunder. Der Kommandant der Legion, ein türkischer
[12] Jude, bekam den Hauptmannstitel und eine Auszeichnung. In den
übrigen Militärteilen kämpfen die Juden mit andern zusammen ausgezeichnet. Die türkischen Militärbehörden machen daher keinen Unterschied zwischen jüdischen und nichtjüdischen Soldaten. Das Gleiche kann hinsichtlich der jüdischen Zivilbevölkerung gesagt werden, welche im jetzigen schweren Moment opferwillig dem Lande hilft, soviel sie nur vermag. Die jüdischen Bestrebungen in Palästina sind gut bekannt; niemand zweifelt an dem Patriotismus der türkischen Juden".

Und Gustav Hervé sagt über die viel geschmähten russischen Juden — welche ein eignes Regiment gebildet hatten und in den erbitterten Frühjahrskämpfen bei Arras fielen — bei Gelegenheit der Veröffentlichung von Briefen gefallener Juden der jüdischen Fremdenlegion:

„Held Litwak — du, dessen herrlicher Brief, geschrieben am Tag deines ruhmvollen Todes bei Carency an der Seite von 2000 Mitjuden, ich unlängst abgedruckt habe, vergib diesen armen Sergeanten, die euch monatelang als schmutzige Judenbuben und ähnlich beschimpft haben — euch, die ohne dazu verpflichtet zu sein, in einem Augenblick edler Begeisterung euer Blut großmütig an Frankreich dahingegeben habt, das in euren Augen das Sinnbild aller Freiheit und sittlichen Größe war.“ . . . Und das beste Zeichen, wie sehr die Juden freiwillig für die Freiheit zu kämpfen wissen, daß gerade die Anführer der polnischen Legionisten fast durchwegs Juden sind: Nach dem Jüd. Echo (Nr. 31, 1914, München) ist der Vorsitzende des Polnischen Nationalen Hauptkomités und der Legionen ein Jude namens Mosche Scherer und ebenso eine ganze Anzahl von Führern der Legion.

[13] Der bekannte Genosse Davidsohn „nur“ zweimal verwundet, nunmehr Offizierstellvertreter.

Dagegen unterstreichen z. B. die deutsch völkischen Blätter hämisch, daß Haase, welcher den verunglückten Aufruf veranlaßte, Jude sei, was man zu Kriegsbeginn, als er noch in minder unsympathischem Fahrwasser segelte, sorgsam unterließ, bei ihm zu erwähnen.

Eine typische Todesanzeige für einen aktiven jüdischen Offizier mag hier folgen:

[14]

Gestern Abend um ½9 Uhr verschied in der Medizinischen Klinik des Bürgerspitals zu Straßburg

Herr Major Max Hollerbaum

Kommandeur des B. Landsturm-Infanterie-Bataillons Passau II Ritter d. Eisernen Kreuzes, d. K. B. Militär-Verdienstordens usw.

Das Bataillon steht in tiefer Trauer an der Bahre seines ersten Kommandeurs.

Durch und durch Soldat, ein vornehmer, ritterlicher, zuverlässiger Charakter, durch Willenskraft und warmherziges Wohlwollen gleichmäßig ausgezeichnet, war er uns allen vorbildlich auch durch den Heroismus, den er im Kampfe gegen ein langwieriges, schweres Leiden bis zuletzt bewahrt hat. Es war ihm nicht vergönnt, wie an dem Kriege um die Gründung des Reichs so an dem um seine Behauptung bis zum ehrenvollen Abschluß teilzunehmen. Aber er hat Treue bis zum Tode gehalten, und sein Gedächtnis wird in hohen Ehren bleiben.

Am 27. September 1915.

Für das Landsturm-Infanterie-Bataillon Passau II

: von Pechmann.

Anschließend mag noch bemerkt werden, daß Major Hollerbaum nicht der einzige aktive jüdische Offizier in der bayerischen Armee war. Es gab und gibt noch eine Anzahl solcher. Nachstehend seien nur einige namentlich genannt: Der alte bayerische Kürassiergeneral Carl Ritter v. Obermayer, Major Isidor Marx (Vater) und Major Maximilian Marx (Sohn), die Majore Orfenau, Friedmann, Henle u. a. Außerdem gab und gibt es viele jüdische aktive Sanitätsoffiziere, Militärbeamte und auch untere Chargen.

Otto v. Gottberg, die offiziöse Feder unseres Kriegsministeriums, schreibt in einem Artikel „D. K. R. A." über Rathenau: „Er kam ohne Ruf und Amt, ein Deutscher in Sorge um das Vaterland. Wie wenige ein Kenner unserer Wirtschaft, fühlte Dr. Walter Rathenau, daß Deutschland einen längeren Krieg siegreich nur dann überstehen könne, wenn der Staat ohne Säumen zu organisiertem Sammeln, Sparen und Mehren der für die Kriegführung nötigen Stoffe schritt. Der Kriegsminister sah den Mann, den er gesucht hatte. Sankt Bureaukratius
[15] schlug wohl unter Protest die Hände über dem Kopf zusammen, als der General den Zivilisten, Doktor und Ingenieur mit höflicher Geste beim Kragen nahm und im Allerheiligsten der Heeresverwaltung in einen Stuhl setzte mit dem Auftrag, die Kriegs-Rohstoff-Abteilung ins Leben zu rufen."

Die Art, wie Rathenau die Aufgabe in achtmonatlichem Wirken löste, sichert ihm einen Ehrenplatz in der Geschichte des Wirtschaftskrieges.

[16] Die Abkunft Barzilais' ist übrigens nicht sicher auf Juden zurückzuführen.

[17] Dafür hat Ernst Cassel Millionen gespendet, die er dem Kaiser übermittelte; der einzige Engländer, der sich die Freundschaft der beiden Länder etwas kosten ließ und sich ernsthaft darum bemühte.

[18] Verlag Stilke, Berlin 1915.

[19] Verlag Ullstein, Berlin.

[20] Verlag Reinhardt, München.

[21] Verlag Marquardt, Groß-Lichterfelde.

[22] Verlag Louis Lamm, Berlin C.

[23] Eine wirkliche Masseneinwanderung östlicher Juden in Deutschland wird schon aus ökonomischen Gründen schwer durchführbar sein. Dieselbe wäre auch vom jüdisch-nationalen Standpunkt nur eine Notstandsaktion, die übrigens wegen der vielen Widerstände, die nach jeder Hinsicht zu überwinden wären, keineswegs einzutreten braucht.

[24] Wir könnten z. B. von daher unsere Baumwolle beziehen und so vom Auslande unabhängig werden.

[25] Ein soeben von Alfons Paquet erschienener Artikel (in Heft 40 Jahrg. 1915 des März) „Juden im Osten" kommt zu denselben Resultaten. Paquet schreibt:

„Das türkische Volk kümmert sich wenig um den Glauben anderer. Es erkennt in den Juden die Orientalen, es weiß, daß jene, die aus dem Westen kommen, zugleich Europäer sind, Träger eines praktischen Könnens, das dem neuen türkischen Staatswesen Nutzen zu bringen vermag. Und das eigentliche Palästina? Hat es nicht in den Jahren, die dem Versuch der Wiederbesiedelung gewidmet waren, bewiesen, daß es wirklich das Land ist, wo einmal der Wanderer sein Haupt hinlegen kann unter den Sternen die den Erzvätern leuchteten, um auszuruhen und böse Spuren aus seinen Zügen wischen?"

Sie brauchen eines zuerst: eine Zukunft, ein grünes Banner. In dem von Menschen erfüllten Europa werden sie das wichtigste für ihre Zukunft: — den Boden — nie erhalten, eher werden sie die Träger irgend eines unbestimmten Unheils sein. In allen Erdteilen, außer Vorderasien, fehlen die Möglichkeiten einer Ansiedelung, die den Juden erlaubt, nach ihrer höchst eigentümlichen Art zu leben und von dem geistigen Gut, nach dem sie hungern, satt zu werden. Aber in dem einen kleinen Lande, das schon begonnen hat, zu einem neuen Dasein zu erwachen, ist Raum und Tragkraft genug, sie aufzunehmen. Josua und Kaleb sind von ihrer Kundschafterreise zurückgekehrt mit schweren Trauben. Es kommt jetzt darauf an die Fähigkeiten des Volkes, die bisher auf die Wüstenreise verwendet wurden, zu wecken und neu zu gebrauchen. Schulen nach dem Vorbild der deutschen Volksschulen, vielleicht mit einer Hochschule an der Spitze, werden dazu helfen können. Einst werden dann diese Knaben die Mannschaft eines neuen morgenländischen Wesens bilden, gleichviel, ob sie Ingenieure oder Kaufleute, Handwerker, Ackerbauer oder Gelehrte werden, gleichviel sogar, wie viele von ihnen in Europa bleiben und wie viele wirklich im Morgenland wohnen. Sie können in einer neuen Heimat ein neues Volk sein — nicht im Sinne jenes Nationalismus, der in Europa die Völker zerreißt und schlägt, sondern in dem innerlich freien, nach außen duldsamen Sinne der morgenländischen Weisen. „Der türkische Baum muß sehr grün werden und auswachsen.“ „Wer in seinem Schatten wohnen will, muß aber zuvor sein Gärtner sein.“ — — —

So denkt ein bekannter Orientkenner über die Judenfrage und das Problem der Türkei.

Die $2\,^{1}/_{3}$ Millionen Juden der Vereinigten Staaten sind deshalb durchweg deutschfreundlich. Alle Bestrebungen der Deutschamerikaner haben an ihnen eine rege Stütze gefunden. Vergessen wir nicht, daß die Stimmung in Newyork, der größten Stadt Amerikas, für das ganze Land bedeutsam ist, daß sich die dortigen 1,2 Millionen Juden konstant für die Deutschen verwandten, weil sie von ihnen eine Erlösung der russischen Juden erwarten. — Eine offene
[26] Erklärung der deutschen Regierung an die amerikanischen Juden würde eine namenlose Begeisterung erwecken und die Kabinette des Dreiverbandes in nicht geringe Unannehmlichkeiten wegen der Haltung Rußlands versetzen. Es wäre die beste Antwort gegenüber all den Enunziationen betreffs der unerlösten Völker in Österreich und Deutschland. Außerdem würde Deutschland dadurch erhebliche Geldmittel für seine künftigen Anleihen erwarten können.